SECRETOS DE LOS PESCADOS Y MARISCOS

COCO PACHECO

ORIGO

CONTENIDOS

6
LOS FRUTOS DEL MAR

10
UTENSILIOS BÁSICOS

12
CONSEJOS Y DATOS ÚTILES

Estoy orgulloso de nuestros antepasados indígenas, quienes nos legaron valiosas costumbres y sabrosas recetas, como el cancato, el pulmay, el charquicán y tantas otras. Nos enseñaron además, a preservar y cuidar nuestras riquezas naturales. Es nuestro deber transmitir este conocimiento a las nuevas generaciones y al mundo entero. Cocinen estas recetas y se sentirán orgullosos de compartir parte de las tradiciones de esta tierra chilena.
COCO PACHECO

19
ENTRADAS FRÍAS

37
ENTRADAS CALIENTES

49
CREMAS, CALDOS Y SOPAS

65
PLATOS DE FONDO

96
ÍNDICE DE RECETAS

LOS FRUTOS DEL MAR

UN POCO DE HISTORIA

Durante mi infancia compartí vivencias con pescadores y mariscadores en una isla del sur de Chile, llamada Tenglo, ubicada frente a Puerto Montt, experiencia que me ha servido para desarrollar mi vocación de cocinero especializado en productos del mar.

Llevo 33 años dedicado a esta profesión. Con ello, más mis viajes recorriendo el mundo en un intercambio de conocimientos sobre la cocina de productos del mar, puedo asegurar que hay pocos lugares en el planeta que ofrezcan tan enorme variedad y calidad de pescados y mariscos como los que tiene el mar de Chile.

Dichas bondades se deben a las peculiares condiciones que ofrecen sus aguas para el desarrollo de una variedad asombrosa de especies. El Océano Pacífico, nombre dado por el navegante Hernando de Magallanes, es la masa de agua más grande del mundo y se recuesta en su parte sur oriental en las costas de Chile.

Se extiende desde el Mar de Ross en la Antártica, hasta el Mar de Bering en el polo norte. Por el este limita con América y al oeste con Asia y Australia. Además de sus gigantescas proporciones, es la cuenca oceánica más antigua de todas las existentes, con rocas sedimentarias que tienen 200 millones de años. A pesar de que su fondo oceánico es muy regular, en él se ubica el mayor número de islas y archipiélagos, los cuales están, en general, bajo la línea del Ecuador. La principal riqueza del Océano Pacífico es la pesca, al punto que a fines de los '90 esta abarcaba más del 60% de la extracción a nivel mundial.

El mar chileno tiene 4.300 km de litoral continental, además de las riberas de las islas y del territorio Antártico. El litoral se divide en dos zonas diferentes, delimitadas por el canal de Chacao. La primera zona va desde Puerto Montt hacia el norte, y es una franja de costa más bien pareja y poco accidentada, con algunas bahías donde se ubican diferentes centros urbanos. La segunda zona, hacia el sur del canal, posee una ribera que se torna abrupta y desmembrada, producto de las glaciaciones y de los deshielos, formando numerosos archipiélagos, canales y fiordos.

En tan vasto territorio se conjugan las condiciones precisas para la existencia de cientos de especies de flora y fauna marítima. Esta riqueza se la debemos principalmente a la fría corriente de Humboldt, que comienza en la latitud 40° sur y recorre hacia el norte la costa hasta alcanzar el Perú.

En el año 1802 el científico alemán Alexander von Humboldt, su descubridor, comprueba científicamente las diferencias de temperatura existentes entre esta corriente y las aguas circundantes, haciendo notoria la gran diversidad de vida observable gracias a la abundancia de plancton, principal alimento de peces, moluscos, crustáceos y mamíferos como la ballena.

El plancton es una masa flotante de organismos marinos que no pueden desplazarse por sí mismos y son arrastrados por las corrientes. Se conforma de zooplancton, pequeñísimos animales acuáticos, y fitoplancton, plantas marinas microscópicas.

EL MAR CHILENO TIENE UNA RICA VARIEDAD DE FLORA Y FAUNA, QUE LO HACE MUY ATRACTIVO PARA LA INCURSIÓN GASTRONÓMICA Y TAMBIÉN PARA EL DESARROLLO DEL TURISMO.

DESDE LOS TIEMPOS EN QUE LOS PUEBLOS INDÍGENAS YA HABITABAN CHILE, EL MAR HA SIDO FUENTE IMPORTANTE DE ALIMENTOS. POR ESO CADA ÉPOCA HA DESARROLLADO DISTINTAS MANERAS DE EXPLORARLO Y EXPLOTARLO, EMPLEANDO EMBARCACIONES Y SISTEMAS DE CAZA QUE EVOLUCIONAN CON CADA GENERACIÓN.

Otra razón que propicia la fertilidad del mar chileno es que estas aguas cuentan con óptimos niveles de sales, oxígeno y nubosidad en la superficie.

La corriente de Humboldt, aunque es permanente en el Océano Pacífico, se puede ver afectada por corrientes temporales, más cálidas, pobres en oxígeno y en nutrientes. Estas infiltraciones de corrientes temporales pueden generar efectos muy adversos, como la corriente del Niño, procedente de la zona subecuatorial y que al mezclarse con la corriente de Humboldt hace que esta eleve su temperatura en un par de grados. Esa pequeña alza hace que los peces de la corriente fría busquen su temperatura de subsistencia y bajen a profundidades desconocidas en busca de condiciones de vida más propicias, dificultando así su pesca. También provoca devastadores efectos climáticos en algunas regiones, las que se ven afectadas, por ejemplo, por lluvias torrenciales fuera de estación como consecuencia de un mayor volumen de agua en las nubes, ello debido a la evaporación.

Desequilibrios de esa clase son comunes en áreas tan diversas como las que comprende el Pacífico. En superficies como esta, cualquier cambio puede modificar el sistema altamente dinámico con que funcionan los océanos.

EL HOMBRE Y EL MAR

Este mar del que hablamos es un pilar de nuestra economía y cultura gastronómica, incluso de nuestra identidad como chilenos.

Los antiguos pueblos indígenas que desde tiempos inmemoriables habitan el territorio cercano a la costa ya se las ingeniaban entonces para conquistar las aguas y extraer sus frutos. Por ejemplo, los Changos o "Camanchacas" que habitaban entre la I y IV regiones, ocupaban las famosas "balsas de cuero inflado", hechas con la piel de lobos marinos. Gracias a lo estable y livianas que eran, podían adentrarse en el mar y arponear presas más grandes, como tortugas, lobos marinos, cachalotes y ballenas, y así poder alimentarse y aprovechar sus huesos y grasas.

También vemos que hacia el sur del Maule, los Mapuches no solo ya vivían de la recolección de mariscos en las rocosas orillas, sino que también se hacían a la mar en balsas de totora y cuerdas. Iban en busca de corvinas y recorrían desde Tirúa hasta la isla Mocha, la Quiriquina y la Santa María.

En la isla de Chiloé y en sus alrededores los pueblos marineros usaban los "bongos", una especie de canoas hechas de troncos ahuecados, así como las "dalcas", otro tipo de canoas hechas con tres tablas.

Quienes lograron un mayor grado de adaptación al medio marítimo en el sur fueron los pueblos más australes, como los Chonos, los Cacahues y los Yaganes. Ellos prácticamente vivían todo el año en las gélidas aguas sureñas, razón por la que sus navíos estaban sólidamente hechos para resistir las inclemencias del clima. Para construirlos empleaban troncos ahuecados de especies nativas, cueros, nervios de ballenas y fibras vegetales, los que, en conjunto, daban el aislamiento necesario. En estas embarcaciones llevaban fuego que, para que no se extinguiera, era custodiado permanentemente por algún pasajero de la embarcación, casi siempre un niño.

Nuestros ancestros vivían del mar, lo cuidaban y respetaban. Era amado, temido y una vertiente inagotable para la creación de mitos y leyendas.

Hoy, este no es solo una importantísima fuente alimenticia para el hombre y un medio de comunicación incomparable, sino que además representa una fuente de ingresos provenientes tanto de la pesca como también de su gran atractivo turístico, recreacional y deportivo.

LAS VEDAS DE PESCADOS Y MARISCOS HAN SIDO CREADAS PARA PROTEGER A LAS ESPECIES CUANDO ESTÁN EN PELIGRO DE EXTINCIÓN, O PARA PROTEGER A LA POBLACIÓN CUANDO NO ES SEGURO CONSUMIR UN DETERMINADO PRODUCTO. EN CUALQUIER CASO ES MUY IMPORTANTE RESPETARLAS Y AYUDAR A CREAR CONCIENCIA AL RESPECTO.

CONSERVACIÓN DE LAS ESPECIES MARINAS

En los últimos años la sobreexplotación de los recursos marinos ha sido un tema relevante, y por eso se han impuesto estrictas vedas, como la del loco, el erizo, la merluza o el mero. Estas vedas impiden la extinción de estas especies de nuestras costas.

Las vedas se decretan cuando los mariscos o peces están en el proceso de desove. Si este lapso de tiempo no se respeta, interrumpimos su procreación corriendo el grave riesgo de exterminar los recursos.

Otro tipo de medida restrictiva con respecto a la extracción de recursos se da cuando estos pueden afectar negativamente a la población. Es el caso de la "marea roja", un virus mortal para los humanos que se produce en algunos mariscos. Otro ejemplo es el "vibrión paraemolítico", que con las altas temperaturas de enero y febrero se reproduce más en los mariscos bivalvos. Es inocuo para ellos pero perjudicial para el ser humano y desaparece una vez que llega el invierno.

La ley castiga severamente a quienes no cumplen las normativas, requisándoles los productos y cobrándoles multas. El problema es que es muy difícil fiscalizar a cada persona que sale de pesca, por eso es necesario crear conciencia.

Afortunadamente, y siempre pugnando para superar los factores que han disminuido la extracción de especies (pesca intensiva, contaminación, mayor eficencia de las técnicas pesqueras), es auspiciosa la tarea emprendida en Chile para contrarrestar su desaparición. A la crianza de peces como el salmón se suma la de moluscos, cuya actividad, fuertemente promocionada, se encuentra en continua expansión.

Debemos aprovechar las ventajas que tiene cada región para obtener de forma artificial una infinidad de pescados y mariscos. Por ejemplo, Puerto Montt es una zona muy propicia para el cultivo industrial de salmónidos. La tecnología moderna que han aprovechado los empresarios dedicados al rubro, ha convertido a Chile en uno de los países exportadores de salmón más importantes del mundo, dando trabajo a chilenos y divisas al país. Pero nada de aquello se habría conseguido sin el tesón de la gente del sur, quienes debieron soportar y superar las agresiones del clima para concretarlo.

BENEFICIOS PARA LA SALUD

Cientos de investigaciones chilenas e internacionales avalan el hecho que pescados y mariscos son alimentos muy saludables para el cuerpo por varias razones.

Los pescados tienen un bajo nivel de calorías y son de fácil digestión para el organismo. Son ricos en proteínas, aportando grandes cantidades aun al ingerir pequeñas porciones. También son ricos en ácidos grasos poliinsaturados Omega 3, especialmente los peces como el salmón, el atún o la sardina. Son estos ácidos los que controlan la grasa circulante en la sangre y con ello favorecen la prevención de problemas cardíacos. El bacalao es un buen ejemplo de esta combinación de bajo nivel de grasa y alto nivel proteico y de ácidos benéficos, tiene solo un 0,2% de grasa y un alto aporte de ácidos Omega 3, acumulados principalmente en su hígado.

Además de las características mencionadas, los pescados poseen vitaminas A, B, D y E, siendo las sardinas uno de los más ricos en estas sustancias, concretamente en vitamina B 12, que es muy importante para prevenir la anemia perniciosa, común entre los vegetarianos.

Hay que mencionar también que los pescados tienen variados minerales, como sodio, potasio, calcio, fósforo, yodo y selenio. Estos minerales cumplen diversas funciones que sería muy largo enumerar, pero están todas íntimamente relacionadas con el correcto desarrollo y funcionamiento de partes vitales del organismo, como el sistema nervioso, los músculos, las funciones metabólicas, el fortalecimiento de los huesos y dientes, el sistema circulatorio y el sistema hormonal.

Por su parte, los mariscos son grandes contribuyentes de una dieta saludable, ya que comparten similares características con los peces. Son ricos en minerales como cloruro, cobalto, flúor y hierro, este último muy bien representado en moluscos como almejas, calamares, mejillones, ostiones y pulpo. Una buena concentración de estos minerales se da en los caldos que se producen durante la cocción de los mariscos. Ahora bien, ciertos mariscos, como los camarones, no son aconsejables para personas con problemas de colesterol y, en general, deben ingerirse en cantidades moderadas.

Con un consumo periódico y equilibrado de pescados y mariscos mantenemos nuestro cuerpo sano, contribuyendo a mantener un peso adecuado y a evitar posibles problemas como alzas de colesterol malo, ataques cardíacos, infartos cerebrales o artritis.

ESTADÍSTICAS DE CONSUMO

Paradojalmente, el chileno no es un gran consumidor de pescados y mariscos, comparado con el consumo en otras naciones. La ingesta de pescados en Chile no supera los 6,5 kilos anuales por persona, mientras que en el Perú se consumen 24 kilos y en España el mismo promedio de consumo alcanza los 37 kilos. Sin lugar a dudas, los mayores consumidores a nivel mundial son los japoneses, con más de 70 kg anuales por persona. Esta nación-isla es uno de los principales destinos de exportación de los pescados y mariscos chilenos, seguidos por Estados Unidos y España. De las especies marinas chilenas que exportamos con mayor valor comercial destacan el salmón, el pez espada, el congrio dorado, el bacalao, la merluza austral, los erizos, las ostras, los ostiones y la centolla.

Basándome en lo anterior, me pregunto: ¿Por qué consumimos tan poco teniéndolo todo?, ¿será su alto precio o es que el producto no llena?, ¿existe una falta de conocimiento masivo acerca de las bondades que tienen los pescados y mariscos para la salud?, ¿nosotros, los "encargados" de la cocina, estaremos equivocándonos con nuestras recetas y no le damos en el gusto a la gran masa consumidora? En realidad hay miles de preguntas sin responder.

UNA INVITACIÓN A DISFRUTAR

Recuerdo un día en los años '80, en que el gran cocinero argentino, mi amigo "Gato Dumas", abrazándome me dijo: "Che.... Los chilenos tienen los mejores pescados y mariscos del mundo, ahora depende de ustedes cómo los cocinen".

Por eso las recetas de este libro son bien nuestras y simples de preparar, como por ejemplo los locos al merquén, los pescados escabechados, el mariscal de cochayuyo con ulte o la cazuela de salmón. Les presento un abanico con más de 30 recetas para que ustedes las preparen en sus casas.

Espero que mis consejos les sirvan para desarrollar con éxito el plato que deseen y disfruten junto a su familia y sus amigos de las maravillas del mar.

¡Buen provecho!
Coco Pacheco

UTENSILIOS BÁSICOS

Si en la cocina no tiene los utensilios adecuados no puede esperar buenos resultados. El ideal es tener lo básico e ir adquiriendo el resto a medida que se vayan necesitando.

CUCHILLO PEQUEÑO: Para pelar frutas y hortalizas. Téngalo siempre bien afilado.

CUCHILLO FLEXIBLE: De unos 22 cm, para cortar y filetear pescados. Téngalo siempre bien afilado.

CUCHILLO LARGO: Debe tener una hoja delgada, de unos 30 cm, para cortar pescados para carpaccio, tiraditos o sashimi. Téngalo siempre bien afilado.

CUCHILLO MACHETE: Pesado, para cortar huesos y cabezas de pescados. Téngalo siempre bien afilado.

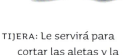

CUCHILLO SIERRA: Este cuchillo puede tener variados largos, lo importante es que tenga la hoja dentada, no lisa. Utilícelo para cortar alimentos congelados o pan.

TABLA DE CORTE: Idealmente debe ser de plástico porque es más higiénico, evitando el traspaso de sabores y olores de una preparación a otra.

TIJERA: Le servirá para cortar las aletas y la cola de los pescados, las barbas de los choritos y calamares.

PINZAS PARA CRUSTÁCEOS: Son parecidas a las pinzas para partir nueces, pero más duras y con dientes para que se afirmen bien de los caparazones y pueda partirlos.

PINZA O ALICATE PARA DESPINAR: Le servirá para sacar las espinas de cualquier filete de pescado.

DESESCAMADOR: Es un instrumento pequeño de bordes dentados que le facilitará la tarea de retirar las escamas de los pescados, para cuando quiera cocinarlos sin ellas.

CUCHARA PARA REVOLVER: No importa de qué material sea, debe tener el mango largo, para revolver con facilidad los diferentes caldos y preparaciones.

BATIDOR DE VARILLA: Debe ser mediano para que sea muy manuable en cualquier preparación. Podrá batir batiendo cremas, huevos, salsas u otros.

OLLA PARA POCHAR: Es una olla alargada de doble fondo, que permite escalfar los pescados sin que tenga que cortarlos.

PINCEL DE COCINA: Debe tener las cerdas suaves y flexibles, para que pueda pincelar adobos y aliños con distintos ingredientes.

CHINO O COLADOR: Es muy importante que tenga uno a mano para filtrar preparaciones, eliminar trozos de conchas u otras impurezas.

ESPÁTULAS: Le serán muy necesarias para trasladar los pescados de un lugar a otro sin romperlos ni maltratarlos.

ESPUMADERA: Le sirvirá para retirar los pescados u otros ingredientes del aceite hirviendo, con lo cual evitará quemaduras y la saturación de aceite en ellos.

PINZAS DE COCINA: Deben tener mangos largos para poder manipular los alimentos a distancia.

TERMÓMETRO: Debe ser de buena calidad para que dure y sea confiable. Podrá usarlo para medir la temperatura de caldos y pescados preparados.

SARTÉN O PARRILLA DE TEFLÓN: Es ideal para que pueda sellar los pescados y dejarlos en su punto, sin agregarles demasiado aceite o agua.

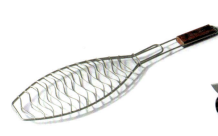
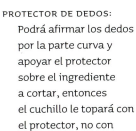

MOLINILLO DE PIMIENTA: Le permitirá molerla en el momento que lo necesite. Así mantendrá su aroma.

EXPRIMIDOR DE LIMÓN: Es muy práctico tenerlo a mano cuando hay que agregar chorritos de limón a la preparación mientras cocina, así el jugo que agregue será siempre fresco.

CANCATERA: Es una esctructura metálica de doble hoja, para que pueda abrirla, poner un pescado entero en ella y asarlo a la parrilla.

PROTECTOR DE DEDOS: Podrá afirmar los dedos por la parte curva y apoyar el protector sobre el ingrediente a cortar, entonces el cuchillo le topará con el protector, no con los dedos.

CONSEJOS Y DATOS ÚTILES

TIPOS DE PESCADOS

Existen varias formas de clasificar los pescados: según su fisonomía, su procedencia o su contenido de grasa. A continuación describiremos los tipos más comunes que habitan en mar, ríos y lagos de Chile.

PESCADOS REDONDOS: Son de carne firme y con sabor definido. Por ejemplo el atún, el jurel, el bonito o el salmón.

PESCADOS PLANOS: Son de carne fina, blanca y delicada. Entre ellos está el lenguado, el turbot, la manta raya y el rodaballo.

PESCADOS DE AGUA DULCE: Son aquellos que habitan ríos y lagos y contienen un alto nivel nutritivo para nosotros. Entre ellos destacan el salmón, la trucha, la anguila, la carpa y el pejerrey.

PESCADOS DE AGUA SALADA: Son los que habitan en el mar y se venden prácticamente en todos los mercados, como el congrio, la corvina, el lenguado, la merluza, la reineta, etc.

PESCADOS GRASOS: Son aquellos con un mayor porcentaje de grasa en su carne, que puede llegar a un 10%. Entre ellos están el mero, el bacalao y el salmón.

PESCADOS MAGROS: Son aquellos con un menor porcentaje de grasa en su carne, no sobrepasando el 2,5%. En este grupo se encuentra la merluza, el lenguado, el pejerrey y el rodaballo.

CÓMO COMPRAR PESCADOS FRESCOS

ENCONTRAR UN PROVEEDOR CONFIABLE: Para obtener un buen resultado al preparar cualquier receta es muy importante cocinar con pescados frescos, pues tienden a descomponerse rápidamente cuando no se manipulan en forma adecuada. En este aspecto influirá el transporte desde el mar al punto de venta, la refrigeración y que el punto de venta y el "casero" sean confiables y no tengan los productos a la venta más días de los adecuados.

ELEGIR UN PESCADO FRESCO: Existen varios aspectos que pueden analizarse al momento de comprar pescados y que ayudan a detectar si se trata de un producto fresco y en buen estado:

- Los ojos deben estar brillantes, transparentes.
- Las agallas deben tener un color rojo vivo, limpias y con olor a mar.
- El aroma del pescado debe ser agradable, no muy fuerte. Si huele a amoníaco, significa que está descompuesto.
- La textura de la piel debe ser firme, húmeda, brillante y resistente al tacto, es decir, que al tocarla con un dedo no se quede hundida ni quede marcada.
- Las escamas deben estar bien adheridas a la piel.

QUÉ HACER DESPUÉS DE COMPRAR: Siempre es conveniente mantener los pescados refrigerados hasta el momento de prepararlos, y consumirlos en el mismo día que los compró. Si los congela, es bueno que lo haga con el pescado cortado en filetes limpios y envueltos en papel plástico. Cuando vaya a consumirlos, déjelos descongelando de un día para otro; no es recomendable descongelarlos con agua caliente, pues su carne es muy delicada y se rompe.

PREPARACIÓN DE PESCADOS CRUDOS

CÓMO DESCAMAR: Este procedimiento es necesario solo si va a cocinar el pescado en medallones con piel. Para descamarlo ponga el pescado sobre una tabla de cocina, sujételo por la cola y raspe las escamas desde la cola hacia la cabeza, con un cuchillo o un descamador. Luego póngalo bajo el chorro de agua fría para eliminar los restos de escamas que queden adheridos.

CÓMO LIMPIAR PESCADOS: Al comprar pescados siempre se los venderán eviscerados, por norma sanitaria. Si son el producto de su propia pesca necesitará seguir estos pasos antes de cocinarlo.

1. Si el pescado es redondo abra el estómago del pescado hasta la base de la cabeza con un cuchillo. Elimine las vísceras y límpielo bajo un chorro de agua fría.
2. Corte ambas aletas, las agallas detrás de la cabeza, la cabeza y el final de la cola. Si va a cocinarlo entero saque solo las agallas y deje la cola y la cabeza enteras.
3. Si el pescado es plano haga un corte semicircular por un costado. Al hacerlo, quedarán a la vista las vísceras. Retírelas junto con las aletas.

Técnica para filetear pescados redondos:

1. Ubique un cuchillo o machete pesado detrás de la aleta que está en la base de la cabeza y haga un corte fuerte para separarla del resto del cuerpo. Puede usar la cabeza para un buen caldo de pescado, sin agallas y sin ojos.

2. Corte la aleta que el pescado tiene en el lomo.

3. Ubique un cuchillo curvo, blando y afilado en el punto donde comienza la columna por el lado de la cabeza. Introduzca el cuchillo pegado a la columna y corte desde la cabeza a la cola, afirmando el filete con la palma de la mano.

4. Dé vuelta el pescado y corte el segundo filete del mismo modo, esta vez, al ir cortando pegado a la columna vertebral, irá saliendo también el espinazo. Puede usar la columna con el espinazo para un buen caldo.

5. Corte la cola del pescado.

6. Ponga los filetes sobre una tabla limpia, con la piel hacia abajo y saque toda la grasa que tienen en la parte del estómago. Identificará la grasa porque es la carne blanca o grisácea que se ve sobre la carne rosada.

7. A continuación debe quitar las espinas que tenga el filete. Para ello pase la yema del dedo sobre la carne, donde sienta un pinchazo hay una espina.

8. Introduzca la pinza, déle un pequeño movimiento y tire hacia arriba.

9. Para sacar la piel de cada filete introduzca un cuchillo afilado por la cola, entre la piel y la carne. Afirme la piel de la cola con la otra mano y deslice el cuchillo, moviendo la piel suavemente para facilitar el procedimiento.

Técnica para filetear pescados planos:

1. Ponga el pescado sobre una tabla con el lado de piel más oscura hacia arriba. Inserte el cuchillo en la base de la cabeza del pescado y haga un corte hasta que pueda separarla.

2. Haga otro corte siguiendo la línea natural de la columna, desde la base de la cabeza hasta la cola.

3. Luego haga un corte similar por los bordes del pescado, donde se junta la carne con la aleta.

4. Afirme la carne con la palma de la mano. Ubique el cuchillo en posición plana al centro del pescado, entre el espinazo y la carne. Comience a deslizarlo desde ahí para separar el primer filete.

5. Haga lo mismo con la otra mitad del mismo lado y luego dé vuelta el pescado y repita la operación.

6. Para quitar la piel de cada filete introduzca un cuchillo afilado por la cola, entre la piel y la carne. Afirme la piel de la cola con una mano y con la otra deslice el cuchillo, moviendo ambas suavemente para facilitar el procedimiento. Si la piel está muy resbaladiza, úntese los dedos con sal gruesa y así la sostendrá con mayor facilidad.

TIPOS DE MARISCOS

Los mariscos pueden clasificarse según su fisonomía.

MOLUSCOS: Son los que más se usan para la gastronomía. Se subdividen en:
- Gasterópodos: Locos, caracoles y lapas.
- Cefalópodos: Pulpos, calamares y jibias.
- Bivalvos: Ostras, machas, choritos, cholgas, almejas y ostiones entre otros.

CRUSTÁCEOS: Camarones, jaibas, langostas, centollas y picorocos entre otros.

EQUINODERMOS: Este grupo considera las estrellas de mar, los ofiuros, los soles de mar, los lirios de mar, los erizos, las monedas de mar y las holoturias. Los únicos comestibles son los erizos.

CÓMO COMPRAR MARISCOS FRESCOS

ENCONTRAR UN PROVEEDOR CONFIABLE: Al igual que en el caso de los pescados es muy importante consumir mariscos frescos, teniendo en consideración los mismos aspectos de buen manejo necesarios para su comercialización. En el caso de los mariscos es importante también saber la procedencia de cada uno, mejor aun, comprar los que tienen un certificado adherido al producto, para tener garantía que fueron depurados.

ELEGIR MARISCOS ADECUADOS: Existen varios aspectos que pueden analizarse al momento de comprar mariscos y que ayudan a detectar si se trata de un producto fresco y en buen estado:
- Los mariscos con concha deben estar bien cerrados. Si estuvieran abiertos deben cerrarse al golpearlos con la mano. Si no lo hacen no se arriesgue a consumirlos.
- Si algún marisco con concha se vende abierto, como asiduamente es el caso de los ostiones, deben tener un olor suave y un color brillante y húmedo.
- Los erizos enteros deben tener las púas bien paradas y si han sido recién sacados deben moverlas. Si compra las lenguas sacadas de sus conchas deben tener una consistencia firme y estar conservadas en su propio jugo colado.
- Los picorocos deben mostrar movilidad en los picos que sobresalen de sus bocas.
- Al comprar langostas, jaibas o centollas vivas debe elegir las que se muevan y se sientan bien pesadas para su tamaño. Si las compra cocidas fíjese que tengan el caparazón entero, sin roturas, y que tengan un olor agradable.

SIEMPRE ES CONVENIENTE MANTENER LOS MARISCOS REFRIGERADOS HASTA EL MOMENTO DE PREPARARLOS, Y CONSUMIRLOS EN EL MISMO DÍA QUE LOS COMPRÓ.

CONSEJOS GENERALES PARA COCINAR

- Atrévase a cocinar sin olvidar que el mejor secreto que usted puede tener para cada preparación es el amor que ponga en ella. Aunque no lo crea la comida es muy sensible y esos detalles se notan en el resultado final.
- No exagere con aliños como ají, orégano, ajo, pimentón, etc., o ingredientes fuertes como el queso roquefort. Lo ideal es que sienta los sabores naturales y la textura de cada ingrediente, individualizándolos; no sea que se transformen en una pasta en la que no sabe qué es lo que está comiendo.
- En el caso de las verduras no las recueza. Idealmente cocínelas al vapor para dejarlas crocantes, al dente, pues además de expresar mejor su sabor y aroma tendrán mayor contenido de vitaminas y minerales.
- Recuerde que al comprar usted está pagando, por lo tanto tiene derecho a exigir buena calidad. Hoy en día las cadenas de grandes supermercados están ofreciendo un buen manejo de los productos, me refiero a la limpieza, manipulación y conservación de los alimentos en general, por lo que no debiera tener problemas para elegir materia prima de muy buena calidad.
- Antes de cocinar cualquier pescado con cualquier técnica, es importante darle una buena sazón. Para ello recomiendo usar limón de pica, ají amarillo o cebolla morada, aceite, sal y pimienta.
- Si va a cocinar pescados a la parrilla, puede prepararlos con o sin piel, según el gusto de cada comensal. Para que queden más sabrosos hay que marinarlos unos minutos con algún aliño y luego pincelarlos con el mismo mientras estén a la parrilla.
- En la preparación de pescados a la parrilla o a la plancha lo más importante es no recocer el pescado. En ambos casos su cocción es de unos 3 minutos por

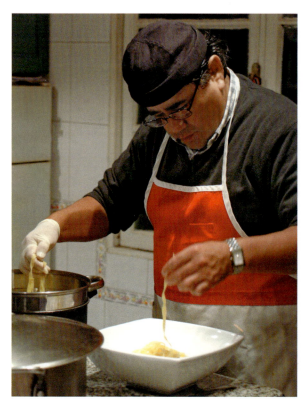

lado, según el grosor del pescado o de los trozos. Recuerde utilizar una pinza para moverlos y una espátula para trasladarlos sin romperlos.

- Para freír pescados es importante marinarlos con algún aliño, luego sumergirlos en huevo batido y finalmente en harina. Para la fritura debe usar abundante aceite de maravilla, de buena calidad, bien caliente. Una vez frito retire los trozos del aceite con una espumadera y déjelos reposar algunos minutos sobre una superficie plana cubierta con papel absorbente, para que boten el exceso de aceite y queden más crujientes.
- Al preparar mariscos de concha lo más importante es cocinarlos hasta que abran sus conchas, unos 4 a 5 minutos. Si se pasa de este punto y se recuecen lo más seguro es que queden duros, se achiquen y pierdan su calidad.

TÉRMINOS CULINARIOS BÁSICOS

"AL DENTE": Expresión italiana que se refiere a que los alimentos queden cocidos de manera que conserven una cierta consistencia.

MACERAR: Mantener sumergido un alimento sólido en alguna mezcla líquida, para ablandarlo o extraerle las partes solubles.

MARINAR: Sumergir un alimento sólido en un líquido aliñado con especias, aceite o producto que pueda aportar sabor o aroma, con el fin de conservar, ablandar o aromatizar.

POCHAR: Es un término derivado del inglés "poach" y literalmente significa escalfar huevos, es decir, cocerlos sin cáscara en agua hirviendo. En el caso de los pescados se refiere a cocerlos en caldo. Para ello ponga el pescado en una fuente previamente enmantequillada, agregue ramas de verduras, como apio o perejil, y caldo de pescado hasta la mitad de la fuente. Luego cubra la fuente con papel aluminio y colóquela al horno, previamente calentado a temperatura alta (220ºC), unos 15 a 20 minutos, dependiendo del grosor del pescado.

REHOGAR: Sofreír un alimento para que se impregne de la grasa y los ingredientes con que se condimenta.

SALPIMENTAR: Adobar algo con sal y pimienta, para que se conserve y tenga mejor sabor.

SALTEAR: Cocinar un ingrediente en aceite, grasa o manteca a fuego fuerte, moviéndolo constante y enérgicamente para sellarlo.

SAZONAR: Dar gusto y sabor a una comida con sal y/o especias.

SOFREÍR: Freír algo un poco o ligeramente.

CALDOS DE PESCADOS O MARISCOS

Uno de los secretos de la buena cocina del mar es mantener siempre guardado un caldo o fondo, que puede ser de pescados o mariscos. Se utilizan en la mayoría de las recetas en reemplazo del agua, para agregar complejidad al sabor final.

Recomiendo que haga varios litros y los guarde en bolsas plásticas individuales, para congelarlas y ocuparlas a medida que las necesite. El tiempo de duración de un caldo congelado es de 4 meses. Marque cada bolsa con la fecha en que preparó el caldo para estar seguro que lo usará en el tiempo adecuado.

Los mejores caldos los dan los pescados de rocas, como el congrio, la vieja o el pez sapo.

CALDO DE PESCADOS

INGREDIENTES PARA 1,5 LITRO
- 1 kg de restos de pescados: cabezas (sin agallas y sin ojos) y esqueletos.
- 1 cebolla pelada y partida en 4
- 1 zanahoria pelada y partida en 4
- 2 hojas de laurel
- 1 ramita de perejil
- 1 ramita de apio
- 1 cucharada de pimienta entera
- ½ taza de vino blanco
- 3 litros de agua

Lave bien las cabezas y los esqueletos y póngalos en una olla con el resto de los ingredientes. Cocine a fuego lento unas 2 horas, o hasta que se reduzca a la mitad. Deje enfriar y cuele antes de usar. Congele enseguida la cantidad de caldo que le sobre.

CALDO DE MARISCOS

INGREDIENTES PARA 1 LITRO
- 1 kg de almejas
- 1 kg de choritos
- ½ cebolla pelada y partida en 2
- 1 zanahoria pelada y partida en 4
- 2 hojas de laurel
- 1 ramita de perejil
- 1 ramita de apio
- 1 cucharada de pimienta entera
- ½ taza de vino blanco
- 2 litros de agua

Lave bien los mariscos para que no tengan impurezas pegadas. Póngalos en una olla con el resto de los ingredientes. Cocine a fuego lento por 1 hora. Deje enfriar y cuele antes de usar. Congele enseguida la cantidad de caldo que le sobre.

ENTRADAS FRÍAS

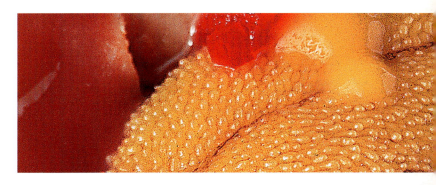

Ensalada del Pescador

Esta es una deliciosa ensalada, muy hermosa a la vista y una excelente idea para mezclar verduras con los productos de una buena pesca.

El camarón de río existe en algunos ríos del norte de Chile y es un crustáceo muy impresionante, tanto por su forma como por su color. Además los camarones preparados de esta manera quedan ¡para chuparse los dedos!

Ingredientes

para 6 personas

– 1 filete de salmón de río fresco y limpio
– 4 cucharadas de aceite de oliva
– 18 camarones de río
– Jugo de 2 limones
– 1 cucharada de jengibre fresco rallado
– 1 cucharada de salsa de soya
– ¼ taza de jerez
– 2 cucharadas de alcaparras
– 1 diente de ajo picado fino
– 1 cucharada de curry
– 3 lechugas de distintas variedades
– 400 gr de berros
– 3 endibias
– 1 palta cortada en cubitos
– 1 taza de brotes de alfalfa
– Sal y pimienta negra recién molida

PARA EL ALIÑO

– ½ taza de aceite de oliva
– 1 cucharada de mostaza
– 1 cucharada de miel
– Jugo de 1 limón
– 1 cucharadita de salsa Tabasco
– 1 cucharadita de merquén
– Sal y pimienta negra recién molida

Preparación

1. Retire la piel del salmón, córtelo en trozos de 3 x 6 cm y alíñelos con sal y pimienta.
2. Caliente 3 cucharadas de aceite en una sartén y dore los trozos de salmón, unos 2 minutos por lado. Reserve.
3. Pele los camarones, sáqueles la cabeza y la tripa oscura que tienen por el lomo y póngalos en un bol. Cocínelos unos 3 minutos en el mismo aceite donde doró el salmón.
4. Retire los camarones del fuego y cúbralos con el jugo de 1 limón, 1 cucharada de aceite de oliva, el jengibre rallado y la salsa de soya. Aliñe con sal y pimienta, revuelva bien y deje macerar unos 20 minutos, para que los camarones se impregnen de los sabores del aliño.
5. Vuelva los camarones al fuego con el aliño y agregue el jerez, las alcaparras, sal y pimienta. Mezcle bien, baje el fuego y agregue el salmón reservado. Incorpore el diente de ajo, el jugo de 1 limón y el curry y siga cocinando unos 3 minutos más.
6. Reserve por separado el salmón, los camarones y la salsa donde los cocinó.
7. Lave y seque las lechugas, los berros y las endibias y póngalas en un bol. Agregue la palta y los brotes de alfalfa.
8. Mezcle los ingredientes del aliño hasta lograr una consistencia homogénea y agréguelos a la ensalada.
9. Traslade la ensalada a una fuente y ponga sobre ella el salmón y los camarones en forma intercalada. Antes de servir, rocíe con la salsa de cocción reservada.

SECRETO

EN GENERAL LOS CAMARONES SON MUY ESTÉTICOS PERO NO MUY SABROSOS. POR ESTO ES MUY IMPORTANTE MACERARLOS ANTES DE COCINARLOS. EN VEZ DE HACERLO CON LIMÓN PUEDE PROBAR CON JUGO DE NARANJA, ¡QUEDAN MUY BUENOS!

Cóctel de Ostras

Después del año nuevo o de una noche agitada, nada mejor que esta bebida. Las ostras se encuentran entre los mariscos con mayor nivel de minerales y proteínas, por lo que se le adjudica fama de "reponedora". En Chile existen tres variedades: las ostras salvajes que tienen el borde negro y son de un sabor profundo; las ostras de criadero que son más grandes, de carne blanca y borde negro y un intenso sabor a algas, y las ostras japonesas que son de carne más blanca y sabor más ligero. Con cualquiera de ellas esta receta le quedará deliciosa.

Ingredientes
para 4 personas
– 16 ostras frescas

PARA LA BASE DEL CÓCTEL
– 1 cucharada de cilantro picado fino
– Jugo de 4 limones de Pica recién exprimido
– 1 taza de caldo de mariscos
– ½ cucharadita de aceite de oliva
– Sal y pimienta

PARA EL CÓCTEL DE VINO
– 8 cucharadas de vino blanco seco
– 1 taza de jugo de tomates
– ½ ají verde picado muy fino
– 1 cucharada de salsa inglesa
– 1 cucharadita de cebollín picado fino

PARA EL CÓCTEL DE PISCO
– 4 cucharadas de pisco
– 4 cucharadas de apio picado muy fino
– 4 tomates cherry partidos en 2

Preparación

1. Limpie bien las ostras, despéguelas de sus conchas y reserve solo la carne. Para ver cómo abrirlas correctamente puede consultar la página 50.
2. En un bol ponga los ingredientes para la base del cóctel. Agréguele los demás ingredientes que correspondan, según si quiere hacer un cóctel de vino o uno de pisco.
3. Condimente con sal y pimienta a gusto, revuelva bien y refrigere por 1 hora.
4. Al momento de servir reparta la mezcla en 4 vasos previamente enfriados y agregue 4 ostras en cada uno.

SECRETO

PARA LIMPIAR LAS OSTRAS DE LOS TROZOS DE CONCHA QUE LES QUEDAN AL ABRIRLAS, PÓNGASE AGUA CON SAL EN LOS DEDOS Y PÁSELOS POR ENCIMA DE LAS OSTRAS. NUNCA LAS PASE POR EL CHORRO DE AGUA PORQUE PIERDEN SU JUGO NATURAL.

Tártaro de Salmón

En un viaje que hice a Hawai, me tocó probar esta receta preparada por un chef norteamericano muy famoso, ocupando atún como ingrediente principal. Yo la adapté usando un producto bien chileno: el salmón. Es una receta muy versátil porque se puede servir como cóctel sobre rebanadas de pan negro, como entrada o como plato para un bufet. Si quiere probar con otros pescados recuerde que la receta básica del tártaro es: el pescado crudo, la mostaza, las alcaparras y el ají verde.

Ingredientes

para 4 personas

PARA EL TÁRTARO
- *½ kg de filete de salmón*
- *1 cucharada de mostaza Dijon*
- *1 cucharada de alcaparras*
- *1 ají verde picado en cuadritos*
- *½ cucharadita de jengibre fresco rallado*
- *½ taza de pepinillos escabechados y cortados en cuadritos*
- *½ cebolla morada cortada a la pluma*
- *1 taza de jugo de limón recién exprimido*
- *Sal y pimienta*

PARA LA VINAGRETA
- *1 cucharada de aceite de oliva*
- *1 cucharada de mostaza Dijon*
- *1 cucharada de miel*
- *1 cucharada de aceto balsámico*
- *Sal y pimienta*
- *2 paquetes de berros*

Preparación

EL TÁRTARO

1. Corte el salmón en cubos pequeños y póngalos en un bol. Agregue la mostaza, las alcaparras, el ají verde, el jengibre, los pepinillos y la cebolla.
2. Mezcle bien y condimente con sal y pimienta.
3. Por último agregue el jugo de limón y deje macerar por 5 minutos, para que el salmón se impregne de los sabores de los demás ingredientes. Reserve.

EL MONTAJE

1. Mezcle los ingredientes de la vinagreta hasta conseguir una consistencia homogénea y reserve.
2. Lave los berros y estílelos bien. Haga una cama con los berros sobre un plato o una fuente, y ponga sobre ella el molde donde quiera armar el tártaro.
3. Rellene el molde con el tártaro reservado, apretando ligeramente para compactarlo.
4. Retire el molde con cuidado, rocíe la vinagreta sobre los berros y sirva de inmediato.

SECRETO

RECUERDE NO MACERAR EL SALMÓN MÁS DE 5 MINUTOS, PARA QUE NO PIERDA SU CONSISTENCIA Y APLIQUE EL JUGO DE LIMÓN AL FINAL, PARA EVITAR QUE SE OXIDE.

Carpaccio de Ostiones Patagónicos

SECRETO

PUEDE PREPARAR EL CARPACCIO VARIAS HORAS ANTES DEJÁNDOLO REFRIGERADO. ARME EL PLATO CON TODOS LOS INGREDIENTES MENOS EL JUGO DE LIMÓN, EL QUE SOLO DEBE AGREGARSE AL MOMENTO DE SERVIR.

En los '80 se presentó este plato por primera vez en Chile en un restaurante llamado "Renato", donde el chef me contó que la receta había nacido en Venecia y que inicialmente se preparaba con carne de vacuno. Tiempo después, en un campeonato mundial de gastronomía en Sao Paulo, vi un carpaccio de palmitos y me llamó la atención el colorido y la combinación de sabores. Ahí se me ocurrió hacerlo con ostiones, mejor aún: ostiones rosados de la Patagonia, de color intenso como el salmón y de coral más pequeño.

Ingredientes
para 4 personas

- 24 ostiones patagónicos
- 1 huevo duro pelado
- ½ taza de aceite de oliva
- 1 tomate picado en cubitos
- 1 papaya sin semillas cortada en cubitos
- 1 cucharada de ciboulette picado fino
- Alcaparras a gusto
- Queso parmesano a gusto
- 1 palta cortada en cuadritos
- ½ taza de jugo de limón de Pica recién exprimido
- Sal y pimienta

Preparación

1 Lave bien los ostiones, despéguelos de su concha, separe el coral y deséchelo.
2 Corte los ostiones en finas láminas y aplaste cada una suavemente con el canto de un cuchillo, para que se estiren.
3 Separe la clara de la yema del huevo duro, corte ambas en dados muy finos y reserve.
4 Forme un espejo de aceite de oliva en un plato y cubra con las láminas de ostiones, distribuyéndolas en forma ordenada y decorativa.
5 Sobre los ostiones disponga el tomate, el huevo, la papaya, el ciboulette, las alcaparras, el queso parmesano y la palta.
6 Aliñe con jugo de limón, sal, pimienta y sirva de inmediato.

Ensalada de Algas y Almejas

El cochayuyo es una alga muy chilena y se da en toda nuestra costa. Tiene muchas formas ricas y baratas de prepararse; como el chupe, el pastel o el cebiche. Se puede secar al sol y de esta forma se conserva muy bien. Eso sí, para reactivarlo, hay que remojarlo una noche entera en una fuente con agua. El ulte también es una alga, rica y nutritiva. Al comprarlo debe fijarse siempre que no esté hediondo ni baboso.

Ingredientes
para 4 personas
- 300 gr de cochayuyo
- 300 gr de ulte
- 1 kg de almejas crudas
- ½ taza de jugo de naranjas amargas recién exprimidas
- 1 cucharada de jerez
- 2 cucharadas de cilantro picado fino
- 2 cebollines picados finos
- 1 ají rocoto picado fino
- ½ cucharada de jengibre fresco rallado
- Sal y pimienta

Preparación

1. Deje remojando el cochayuyo en agua fría durante toda una noche.
2. Al día siguiente, pique el cochayuyo y el ulte fresco en cubitos pequeños y reserve.
3. Abra las almejas y despéguelas de sus conchas, reservando solamente su carne y su jugo. Deje algunas almejas en su concha para mejorar la presentación de cada plato cuando los sirva.
4. En un bol ponga las almejas, el cochayuyo y el ulte y agregue el resto de los ingredientes. Mezcle bien todo y sirva de inmediato en pocillos hondos.

SECRETO

SI NO CONSIGUE NARANJAS AMARGAS REEMPLÁCELAS POR LIMÓN DE PICA.

Perol Nortino

El perol es un plato típico de la zona norte de Chile. Combina distintas variedades de mariscos que se sirven crudos y se cuecen con el limón del aliño.

Este perol tiene piures, delicioso marisco que es rico en yodo. Los mejores piures que he probado han sido los que he comido al pie de las rocas en el mar, ahí tienen otro sabor, ¡casi dulce! No debe olvidar sacarle el estómago al piure, porque su sabor es muy fuerte y puede no gustarle.

Ingredientes
para 4 personas
- *150 gr de piures limpios*
- *150 gr de de ostiones limpios*
- *150 gr de machas limpias*
- *150 gr de lenguas de erizos*
- *150 gr de ulte*

PARA EL ALIÑO
- *½ taza de caldo de mariscos*
- *2 cucharadas de pisco*
- *1 ají rocoto picado fino*
- *½ taza de apio picado fino*
- *1 rama de cilantro picada fina*
- *½ taza de jugo de limón de Pica recién exprimido*
- *Sal y pimienta*

Preparación
1. En un bol ponga todos los mariscos y el ulte.
2. Agregue los ingredientes del aliño y condimente con sal y pimienta a gusto.
3. Revuelva con cuidado para no romper los mariscos y sirva en el momento en pocillos hondos.

SECRETO

PARA QUE EL PEROL TENGA UNA BONITA PRESENTACIÓN LAS LENGUAS DE ERIZOS DEBEN ESTAR LO MÁS ENTERAS POSIBLE. DESPRÉNDALAS CON CUIDADO, CON UN CUCHILLO FINO, CUANDO LOS ABRA.

Trilogía de Pescados Frescos

Este plato nace en el Perú, con excelente sazón y clara influencia japonesa. Es una fusión entre el sushi y el sashimi, a la que los peruanos llaman "Tiradito".
Se caracteriza porque los pescados que se ocupan en él, se consumen crudos y cortados muy finos. Se diferencia del carpaccio porque lleva cilantro, ají verde y caldo de mariscos.

Ingredientes

para 6 personas

- *400 gr de filete de salmón*
- *400 gr de filete de corvina*
- *400 gr de filete de atún*

PARA EL ALIÑO

- *¾ taza de jugo de naranjas ácidas*
- *1 cucharada de apio picado*
- *½ diente de ajo molido*
- *½ cebolla morada picada fina*
- *¼ taza de caldo de mariscos*
- *½ cucharadita de salsa de ají*
- *1 cucharada de aceite de oliva*
- *1 cucharada de eneldo fresco*
- *Sal y pimienta negra recién molida*

Preparación

1. Corte los filetes de pescado en láminas muy finas, inclinando el cuchillo en forma diagonal para que los trozos sean más largos.
2. Distribuya los trozos de pescado sobre los platos en que va servir de manera ordenada y agrupando cada tipo, para que se note su forma y su color.
3. Mezcle los ingredientes del aliño hasta obtener una consistencia homogénea. Condimente a gusto y rocíelo sobre los pescados para aliñarlos. Sirva de inmediato.

SECRETO
LO MÁS IMPORTANTE AL HACER UN "TIRADITO" ES USAR PESCADOS FRESCOS.

Truchas Escabechadas

Esta antigua forma de mantener y conservar los alimentos viene desde los tiempos de la Colonia. Cuando a los pescadores les iba bien y llegaban con mucha carga, el escabeche era una de las maneras más seguras de guardar los pescados sin que se descompusieran. Usted puede hacerlo en su casa con pescados firmes como el atún, la reineta, la sardina o el jurel, dejándoles la piel para darles más firmeza.

Ingredientes
para 3 truchas
- 1 taza de aceite de oliva
- 6 dientes de ajo pelados
- 1 cebolla mediana trozada
- 8 hojas de laurel
- 2 pimentones rojos pelados
- 2 zanahorias peladas y cortadas en rodajas
- 1 cucharada de pimienta negra entera
- ½ litro de caldo de pescados
- 2 tazas de vino blanco
- 2 tazas de vinagre blanco

Preparación

1. Limpie las truchas y filetéelas según los cortes explicados en página 13. Corte los filetes en trozos medianos, condiméntelos con sal y séllelos en un poco de aceite hirviendo durante 1 ½ minuto por lado. Retire y reserve.
2. En una olla aparte, caliente la taza de aceite de oliva, los dientes de ajo, la cebolla, el laurel, el pimentón, la zanahoria y la pimienta.
3. Luego agregue el caldo de pescado, el vino blanco y el vinagre. Revuelva bien y cocine a fuego lento por 25 minutos. Finalmente agregue el pescado y cocine por 4 minutos más.
4. Deje enfriar por completo y traslade el pescado escabechado a recipientes o frascos con tapa.

SECRETO
SI PREPARA EL ESCABECHE CON CALDO DE PESCADO, DURA UN MÁXIMO DE 3 DÍAS, SI NO LO INCLUYE SE CONSERVA DURANTE 60 DÍAS. GUARDE SIEMPRE LOS FRASCOS EN UN LUGAR FRESCO Y SECO.

Pastel de Centolla

SECRETO

PREPARE ESTA RECETA CON CENTOLLA FRESCA, PORQUE LA CONGELADA BOTARÁ MUCHA AGUA DURANTE LA COCCIÓN. SI TUVIERA QUE USAR CENTOLLA CONGELADA DÉJELA DESCONGELAR DE UN DÍA PARA OTRO, PARA PRESERVAR EL MÁXIMO POSIBLE LA DELICADA TEXTURA DE SU CARNE.

La centolla es llamada por muchos "la reina del mar" por su carne de fina textura y delicado sabor. Se desarrolla en aguas de Alaska, de la Patagonia, y de Tierra del Fuego. Personalmente pienso que es un privilegio poder preparar este manjar. Esta misma receta se puede cocinar con jaibas, jibias o locos.

Ingredientes
para 6 personas

– 1 cucharada de mantequilla
– 1 puerro picado fino
– 500 gr de carne de centolla desmenuzada
– ½ taza de caldo de mariscos
– Una pizca de merquén
– ¼ taza de crema de leche
– 5 tajadas de pan de molde sin bordes
– 1 taza de leche
– 2 cucharadas de queso parmesano rallado
– 2 cucharadas de arvejas
– Sal y pimienta

Preparación

1 Caliente la mantequilla y rehogue el puerro, cocinando por unos 3 minutos. Agregue la carne de centolla, el caldo de mariscos, el merquén y la crema. Mezcle bien y mantenga a fuego bajo.

2 Remoje el pan en leche e incorpórelo a la mezcla junto con la mitad del queso parmesano, las arvejas, sal y pimienta. Suba el fuego y revuelva hasta que hierva.

3 Ponga la preparación en pailas de greda y espolvoréelas con el resto del queso rallado. Llévelas al horno precalentado y gratine a temperatura fuerte durante 3 minutos o hasta que se doren. Sirva de inmediato.

4 Si quiere ofrecer una presentación impresionante de este plato, consiga una centolla entera, hágale un corte cuadrado en la cabeza y rellénela con la preparación.

Timbal de Picorocos

Para mi gusto, el picoroco es el mejor marisco que tiene Chile. Además, no he visto en ninguna parte del mundo unos tan grandes como los de estas costas. Estoy seguro que muchos van a concordar conmigo en que el picoroco es único, ¡un chilenazo! Por mi condición de cocinero, me toca atender a grandes personajes y chefs internacionales que pasan por nuestro país y para conmoverlos les doy alguna receta con picorocos. Todos quedan maravillados por el sabor de su carne, su textura, sabor y por su "leche de pantera", que es el jugo que se produce al interior de sus conchas durante su cocción.

Ingredientes
para 4 personas

- 4 kg de picorocos
- ½ cebolla morada cortada en cuadritos
- ½ ají rocoto picado fino
- 1 cucharada de apio picado fino
- 1 cucharada de jugo de limón de Pica recién exprimido
- 2 tomates maduros cortados en rodajas finas y sin pepas
- Hojas de lechuga, radiccio, rúcula y apio
- Sal y pimienta negra recién molida

Preparación

1. En una olla grande con agua, ponga los picorocos con las bocas hacia arriba y cocínelos por 30 minutos desde el momento en que hierva el agua.
2. Luego retírelos de la olla y corte suavemente con un cuchillo alrededor de la boca de cada uno, sosteniendo la punta para tirarla hacia arriba una vez que se suelte por completo. Retire el estómago a cada picoroco, es decir, la bolsa negra que cuelga del centro al interior de la carne.
3. Pique la carne de los picorocos y mézclela con la cebolla, el ají, el apio y el jugo de limón. Sazone con sal, pimienta y reserve.
4. Mezcle las hojas de verduras en un bol, alíñelas con aceite, jugo de limón, sal, y reserve.
5. Distribuya las rebanadas de tomate en los platos, coloque un molde redondo, de unos 5 a 10 cm de alto sobre cada uno y rellene hasta la mitad con la mezcla de picorocos.
6. Rellene la otra mitad con la mezcla de hojas de verduras reservada. Luego retire el molde con mucho cuidado para mantener la forma del "timbal". Sazone con sal, pimienta y sirva de inmediato.

SECRETO

PARA RETIRAR FÁCILMENTE EL ESTÓMAGO DEL PICOROCO DEBE HACER UN CORTE VERTICAL DESDE LA PUNTA DEL PICOROCO HASTA ABAJO. AL ABRIR LA CARNE ENCONTRARÁ LA BOLSA DEL BUCHE COLGANDO. ENTONCES RETÍRELA.

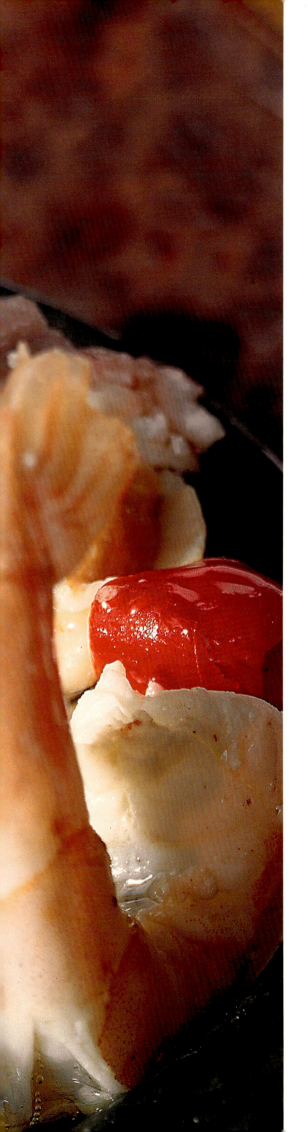

ENTRADAS CALIENTES

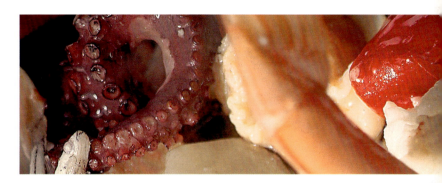

37 SECRETOS DE LOS PESCADOS Y MARISCOS

Panqueques de Espinacas rellenos con Jaiba

La jaiba es también conocida como "la langosta de los pobres" y en Chile se la encuentra en toda la costa. Hay dos tipos: la morada, que vive en las rocas, y la peluda, que vive en la arena. Recuerdo que cuando yo era chico pescaba sacos de jaibas en la playa. Mi abuela Aurelia las cocía en agua de mar, en un fogón en la orilla de la playa, y luego pensaba cómo prepararlas. Eran tantas las jaibas sacadas cada vez, que las comíamos de muchas maneras, con pasta, con arroz, con papas, etc. No era fácil quitarles la carne, pero con paciencia ¡yo le chupaba hasta los huesos! Fue también mi abuela quien nos enseñó a comer espinacas, "para que tengan fuerza", decía. Esta receta es de su creación.

Ingredientes
para 4 personas

PARA LOS PANQUEQUES
- ¼ kg de harina
- ¼ kg de espinacas cocidas y pasadas por la licuadora
- 3 huevos
- ½ litro de leche entera
- 2 cucharadas de aceite

PARA EL RELLENO
- 6 jaibas
- 1 cucharada de mantequilla
- 1 puerro picado fino
- 1 taza de crema
- 1 cucharada de whisky
- Queso mantecoso rallado
- Sal y pimienta blanca molida

Preparación

LOS PANQUEQUES

1. En un bol, forme una mezcla con la harina cernida, las espinacas, los huevos, la leche y el aceite. Una bien todo y reserve.
2. Aceite una sartén de teflón y agregue la mezcla con un cucharón, extendiéndola para formar el panqueque. Una vez que se haya cuajado y tomado consistencia, unos 2 minutos, déle vuelta y cocine otros 2 minutos, hasta que se cueza por este lado. Repita la operación hasta que se acabe la mezcla y reserve.

EL RELLENO

1. Ponga las jaibas en una olla grande con agua y cocínelas durante 15 minutos.
2. Retírelas del agua, déjelas enfriar y sáqueles la carne, quebrando el caparazón y las patas con cuidado, usando para ello una pinza para mariscos. Desmenuce la carne y reserve.
3. En una olla ponga la mantequilla, el puerro, la carne de jaiba y mezcle con la crema, el whisky, la sal y pimienta. Mezcle bien y cocine unos 5 minutos a fuego medio.

EL ARMADO

1. Ponga 2 cucharadas del relleno al centro de cada panqueque y arme bolsitas, juntando los bordes arriba y amarrándolos con una tirita de verdura.
2. Ponga los panqueques en una fuente para horno, espolvoréelos con el queso mantecoso y lleve al horno, precalentado a temperatura media, unos 3 minutos o hasta que el queso se dore.
3. Retire los panqueques cuidadosamente, usando una espátula para no romperlos. Sirva de inmediato.

SECRETO
ES MUY IMPORTANTE UTILIZAR UNA SARTÉN DE TEFLÓN PARA HACER LOS PANQUEQUES, DE LO CONTRARIO LA MEZCLA SE PEGARÁ Y LOS PANQUEQUES SE ROMPERÁN.

Empanadas de Mariscos

Desde la época de los faraones en Egipto ya se hacían empanadas, y en los distintos países de América Latina se encuentran diversas versiones de ellas. En Chile son parte del menú tradicional, siempre acompañadas de un buen vino. Se pueden servir como aperitivo o como plato fuerte, dependiendo del tamaño que tengan. Gracias a que tenemos la suerte de contar con una gran variedad de mariscos, podemos hacerlas de formas muy diversas.

Ingredientes

para 12 empanadas

PARA LA MASA
- *½ kg de harina*
- *¼ litro de agua tibia*
- *2 cucharadas de manteca*
- *1 cucharada de sal*
- *1 cucharada de aceite de oliva*

PARA EL RELLENO
- *2 cucharadas de aceite*
- *2 cebollas cortadas en cuadritos*
- *½ kg de machas limpias y picadas*
- *2 cucharadas de perejil picado fino*
- *Ají de color*
- *1 cucharadita de harina*
- *1 huevo*
- *1 litro de aceite para freír*

OTROS MARISCOS PARA RELLENAR
- *Camarones*
- *Gambas*
- *Almejas*
- *Choritos*
- *½ kg de cualquiera, limpios, sin conchas o cáscaras y picados finos*

Preparación

LA MASA

1. Coloque la harina en un bol e incorpore el agua, el aceite bien caliente y la sal. Mezcle y amase hasta unir bien todos los ingredientes. Envuelva la masa en papel plástico y déjela reposar refrigerada durante 1 hora.
2. Traslade la masa a una superficie plana y enharinada y usleréela hasta obtener 5 mm de grosor.
3. Corte la masa en círculos de 10 cm de diámetro máximo. Reserve los círculos de masa, amase los bordes que le sobraron y vuelva a uslerear y cortar. Repita la operación hasta que se acabe la masa.

EL RELLENO

1. En una sartén caliente el aceite a fuego medio y dore en ella la cebolla unos 5 minutos.
2. Agregue el resto de los ingredientes y revuelva bien durante unos 2 minutos. Retire del fuego y deje enfriar a temperatura ambiente.

EL ARMADO

1. Una vez que el pino se haya enfriado, rellene los círculos de masa con 2 cucharadas del relleno.
2. Pincele el borde de los círculos de masa con el huevo batido y junte una mitad con la otra, presionando los bordes con los dedos para cerrar bien cada empanada.
3. Fría en abundante aceite hirviendo hasta que tomen un color dorado. Deje unos minutos sobre papel absorbente, para eliminar el exceso de aceite y sírvalas bien calientes.

SECRETO

PARA QUE LA MASA QUEDE BIEN SUAVE AL PALADAR, PREOCÚPESE DE CERNIR BIEN LA HARINA Y DE USLEREARLA LO SUFICIENTE.

Locos al Merquén

Yo soy un fanático, un adicto al merquén, tanto por su sabor como por el valor heredado que nos dejaron en él nuestros ancestros mapuches.
Un verano en Pucón fui invitado a la casa de mi amigo Andrés. Estando en su terraza, muy bien acompañado y con una hermosa vista al volcán, él me ofreció unos locos al merquén. La receta se inspira en el pulpo a la gallega, variándola con dos ingredientes tan chilenos como los locos y el merquén.

Ingredientes
para 4 personas

– *8 locos*
– *1 kg de papas cocidas cortadas en rodajas*
– *½ taza de aceite de oliva extra virgen*
– *1 cucharada de jugo de limón recién exprimido*
– *½ cucharada de merquén*
– *1 cucharada de perejil picado fino*
– *Sal gruesa de mar*

Preparación

1. Apalee los locos repetidas veces con un utensilio pesado de madera para ablandarlos. Luego lávelos y escobíllelos bien, para eliminar el pigmento negro que los recubre.
2. Cocínelos en una olla a presión con bastante agua, por 45 minutos. Retire del fuego y déjelos enfriar en el agua de cocción. Una vez fríos córtelos en rodajas.
3. En un plato o fuente extendida ponga las papas. Sobre cada rodaja de papa ponga una de loco. Aliñe con aceite de oliva, jugo de limón, sal gruesa de mar, merquén y perejil. El ideal es servir este plato tibio.

SECRETO
PARA QUE LOS LOCOS QUEDEN MÁS BLANDOS, PONGA UN CORCHO EN EL FONDO DE LA OLLA MIENTRAS LOS COCINA.

Tortilla de Erizos

Los erizos son un gusto adquirido, ya sea en su forma más pura, es decir, comer las lenguas solas con limón, o en las deliciosas recetas que los incorporan como ingrediente. En Europa son considerados un delicado y fino bocado, llamado "caviar de erizos". En el sur de Chile la tradición dice que cuando los abuelos vuelven cansados a sus casas, las señoras les cocinan platos hechos en base a huevos y erizos, pues los ayuda a recobrar el vigor.

Ingredientes
para 4 personas
– 5 erizos
– 1 huevo
– 2 claras de huevo
– 1 diente de ajo molido
– 1 cucharada de perejil picado fino
– 1 cucharada de harina
– 3 cucharadas de aceite de oliva
– Sal y pimienta

Preparación

1. Abra los erizos por arriba golpeándolos suavemente con el canto de un cuchillo pesado. Retire con cuidado las lenguas y lávelas en su propio jugo colado. Reserve.
2. En bol ponga el huevo, las claras, el ajo y el perejil. Aliñe con sal y pimienta y bata para unir bien todo. Si quiere que la tortilla quede más esponjosa, bata las claras a nieve antes de incorporarlas.
3. Añada la harina y las lenguas de erizo sin su caldo, revolviendo con cuidado para que no se rompan.
4. Caliente el aceite en una sartén de teflón y vierta la preparación. Vaya moviéndola con una espátula para que tome la forma redonda de una tortilla.
5. Cocine 2 minutos por lado, o hasta que adquiera un bonito dorado. Retire cuidadosamente con la espátula y sirva de inmediato.

SECRETO
PARA PODER ABRIR BIEN LOS ERIZOS PÓNGALOS SOBRE UNA TABLA APOYADOS EN SU BASE Y TÓMELOS FIRMEMENTE CON UN PAÑO HÚMEDO.

Mixto Marino al Pil-Pil

El "pil-pil" es una forma muy española de preparar los mariscos y pescados. Consiste en cocinar los ingredientes en un sofrito de ají y ajo. Su nombre lo recibe del borboteo que se produce mientras se fríen los ingredientes. Lo más importante al prepararlo es usar un buen aceite de oliva y hechar a volar la imaginación, ya que usted puede cambiar los ingredientes a su gusto, por ejemplo, por calamares, camarones o los que tenga a mano.

Ingredientes
para 6 personas
- *100 gr de puyes (angulas)*
- *100 gr de camarones*
- *100 gr de lenguas de machas*
- *100 gr de locos cocidos*
- *100 gr de pinzas de jaibas sin caparazón*
- *100 gr de ostiones*
- *Jugo de 1 limón*
- *100 gr de pulpo*
- *1 tomate entero*
- *¾ litro de aceite de oliva*
- *6 dientes de ajo laminados y sin corazón*
- *2 ajíes cacho de cabra sin pepas*
- *Sal y pimienta*

Preparación

1. Marine los mariscos con jugo de limón, sal y pimienta por unos 5 minutos. Si quiere, puede marinar los camarones con jengibre además del limón.
2. Tome el pulpo y golpee sus tentáculos contra una superficie dura con algún utensilio de madera, para ablandarlo. Cocínelo en olla a presión con agua tibia durante 45 minutos. Ponga un corcho y un tomate al fondo de la olla mientras cocina el pulpo, para que quede más blando.
3. Aplaste suavemente las láminas de ajo con un cuchillo para que suelten más sabor. Caliente muy bien el aceite de oliva y agregue el ají y el ajo.
4. Espere 1 minuto y agregue los mariscos. Déjelos cocinar a fuego fuerte durante 1 minuto, no más tiempo porque se pondrán duros.
5. Sirva el pil-pil en pailas previamente calentadas para conservar el calor y entregue a cada comensal un tenedor de madera, para que puedan comer sin quemarse.

SECRETO
PARA EVITAR QUE EL ACEITE EXPLOTE CUANDO LE AGREGUE LOS MARISCOS DEBE CUIDAR QUE ESTOS NO ESCURRAN AGUA NI JUGOS.

CREMAS, CALDOS Y SOPAS

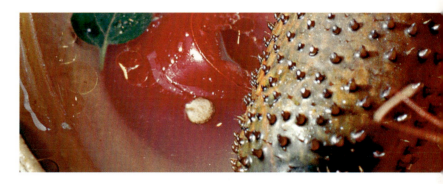

Crema de Alcachofas con Ostras

Esta receta nace en los años '80, entre amigos y connotadas personalidades en un encuentro gastronómico en el sur. Llovía y llovía y para matar el aburrimiento se nos ocurrió inventar un plato afrodisíaco. Pensamos que científicamente la ostra y la alcachofa son dos ingredientes que tienen muchos minerales, por eso la idea de combinarlos. Esta crema es un plato de invierno y uno de los que más vendo en la carta de mi restaurante. Al comprar las ostras recuerde siempre que deben estar cerradas para asegurarnos que son frescas.

Ingredientes
para 6 personas
- 24 ostras
- 6 alcachofas
- 1 cubo de caldo concentrado de carne
- 1 cucharada de jengibre fresco rallado
- ¼ litro de crema
- 1 cucharada de merquén
- Sal y pimienta

Preparación

1. Abra las ostras, despéguelas y limpie los pedazos de concha que puedan haberle quedado adheridos. Resérvelas en sus conchas.
2. Cocine las alcachofas en una olla con agua y sal durante 20 minutos. Una vez cocidas, retire del agua, déjelas estilar y deshójelas. Raspe la carne de cada hoja y reserve. Despine los fondos y resérvelos junto con la carne.
3. Disuelva el cubo de caldo concentrado de carne en una taza de agua hirviendo y licúe en la juguera junto con la carne reservada de las alcachofas. Añada el jengibre y aliñe con sal y pimienta.
4. Pase la mezcla licuada por un cedazo a una cacerola, agregue la crema y cocine a fuego lento, revolviendo constantemente hasta que hierva, unos 10 minutos.
5. Sirva la sopa en platos hondos, decore con las ostras sin concha y espolvoree con merquén.

SECRETO

PARA ABRIR LAS OSTRAS TÓMELAS CON UN PAÑO HÚMEDO PARA QUE NO SE LE RESBALEN. LUEGO INTRODUZCA UN CUCHILLO POR LA PARTE POSTERIOR MÁS ANCHA, Y ÁBRALAS HACIENDO PALANCA HACIA ARRIBA, PARA NO ROMPER LA OSTRA.

Sopa "La Ruta del Chorito"

Tengo la suerte de tener una lancha chilota y con ella navegar por canales, fiordos o cualquier lugar donde otros no llegan. En un viaje con mis hermanos, el "chamán" Carlos Cardoen y Coco Legrand, descubrimos una variedad increíble de choros. Nuestro cuerpo nos pedía un buen caldo, por eso comenzamos a sacarlos con nuestras propias manos e inventamos esta sopa. Eran las 7:00 de la mañana, y nos encontrábamos en la cubierta de la lancha, rodeados de un paisaje espectacular, comiendo la mentada sopa. En un momento de silencio Carlos nos mira y dice: "Se dan cuenta que con tan poco somos tan felices…".

Ingredientes
para 4 personas
– 2 kg de choros maltones
– 1 cucharada de aceite de oliva
– 1 cebolla cortada a la pluma
– 1 cucharadita de ají cacho de cabra
– 1 vaso de vino blanco
– 1 diente de ajo laminado
– ½ cucharada de pimienta negra entera
– 1 ramita de apio picada fina
– 1 ramita de perejil
– Sal

Preparación

1. Lave y escobille muy bien los choros. Córteles la barba que tienen colgando y reserve.
2. En una olla amplia caliente el aceite y haga un sofrito con la cebolla y el ají cacho de cabra. Agregue el vino, el ajo y la pimienta y rehogue unos minutos más.
3. Agregue 1 litro de agua fría, el apio y el perejil. Cocine tapado a fuego medio.
4. Cuando comience a hervir agregue los choros. Revuelva bien y continúe cocinando con la olla destapada. La sopa estará lista cuando se abran las conchas de los choros.
5. Sirva bien caliente distribuyendo los choros y el caldo en platos hondos individuales. Este caldo es muy bueno y se conoce como "rompe colchones". Si le sobra, congélelo para cocinar otra receta.

SECRETO

ES MUY IMPORTANTE LIMPIAR BIEN LOS CHORITOS ANTES DE COCINARLOS. SAQUE LAS IMPUREZAS ADHERIDAS A LAS CONCHAS CON UN CUCHILLO, PUES SON ALGAS O MARISCOS DESCOMPUESTOS QUE AL COCINAR CONTAMINARÁN SU PREPARACIÓN. LUEGO SAQUE LA BARBA QUE CUELGA DE CADA UNO. FINALMENTE LÁVELOS BIEN BAJO UN CHORRO DE AGUA FRÍA.

Paila Marina

La paila marina es una sopa caliente de pescados y mariscos y es un plato muy tradicional en cualquier mercado del norte al sur de Chile. En otros países también se la prepara, pero se le dan otros nombres. Por ejemplo, en Francia los pescadores preparan la "bouillabaisse", una sopa parecida a esta paila marina que se cocina con azafrán y cubitos de pan fritos. Es un plato de invierno muy reponedor, como una cazuela de mar ideal para esos días.

Ingredientes
para 6 personas

- *3 cucharadas de aceite*
- *½ cebolla cortada a la pluma*
- *1 diente de ajo picado*
- *2 hojas de laurel*
- *1 tomate picado*
- *½ ají cacho de cabra picado*
- *1 cucharadita de ají de color*
- *1 cucharadita de orégano*
- *1 taza de vino blanco*
- *1 litro de caldo de pescado*
- *½ kg de gambas peladas*
- *1 kg de choros maltones*
- *1 kg de almejas*
- *1 kg de picorocos*
- *½ kg de congrio*
- *1 cucharada de perejil picado fino*
- *Sal y pimienta*

Preparación

1. En una olla caliente el aceite y rehogue la cebolla y el ajo. Agregue el laurel, el tomate, el ají cacho de cabra, el ají de color y el orégano. Aliñe con sal y pimienta a gusto y cocine, revolviendo constantemente, unos 5 minutos.
2. Incorpore el vino blanco y el caldo de pescado. Revuelva para incorporar bien.
3. Agregue los mariscos y los pescados y deje cocinando a fuego medio con la olla destapada.
4. Cuando los mariscos abran sus conchas le indicará que la preparación está lista. Sirva en pailas de greda previamente calentadas, distribuyendo los mariscos y los pescados entre los comensales. Espolvoree cada paila con el perejil picado y sirva de inmediato.

SECRETO

DEPENDIENDO EN QUÉ REGIÓN SE ENCUENTRE Y EN QUÉ ESTACIÓN DEL AÑO, PUEDE AGREGAR OTROS MARISCOS COMO OSTIONES, CARACOLES O JAIBAS. EN EL CASO DE LOS PESCADOS USE SOLO AQUELLOS QUE TIENEN LA CARNE FIRME, COMO LA VIEJA, EL CONGRIO, EL RÓBALO O EL PEJESAPO.

Cazuela Chilota

En la Isla Grande de Chiloé es una práctica habitual hacer largas cuelgas de cholgas y penderlas al lado de la chimenea. Con esto se consigue secarlas y ahumarlas, y así guardarlas por más tiempo sin que se descompongan. Las cholgas ahumadas y el luche tienen sabores muy intensos, los que combinados entre sí y con unas buenas papas de la zona dan vida a la receta que describo a continuación.

Ingredientes
para 4 personas
- 24 cholgas ahumadas
- 100 gr de luche
- ½ taza de aceite
- 2 chalotas picadas finas
- 1 pimentón rojo cortado en juliana
- 1 ajo chilote laminado
- 6 papas medianas peladas
- 1 cucharadita de merquén
- 1 cucharada de cilantro
- Sal y pimienta

Preparación

1. Deje remojando las cholgas y el luche en fuentes separadas durante toda una noche.
2. Al día siguiente estile las cholgas y reserve su líquido de remojo. Estile el luche y elimine su líquido de remojo.
3. En una olla caliente el aceite y sofría las chalotas, el pimentón y el ajo chilote.
4. Vierta sobre este sofrito el líquido de remojo de las cholgas. Revuelva bien y agregue las cholgas, el luche y las papas. Cocine por 40 minutos, sacando la espuma que se forma en el caldo.
5. Sazone con merquén, sal y pimienta, y sirva de inmediato. Espolvoree cada plato con el cilantro picado.

SECRETO
CUANDO VISITE EL SUR DE CHILE PREGUNTE, EN CUALQUIER MERCADO, POR LAS CHOLGAS AHUMADAS Y COMPRE UNA BUENA CANTIDAD DE CUELGAS. COMO ESTÁN SECAS, PUEDEN DURARLE HASTA 1 AÑO.

Cazuela de Salmón

Esta receta nace inspirada en una cazuela hecha con mero chileno, la que probé en un famoso restaurante de Nueva York. Me pareció muy agradable la combinación de sabores y texturas y me gustó la idea de enaltecer la "cazuela" como preparación, pues en general en Chile se tiende a asociar con un plato demasiado común. Al hacer una cazuela con salmón, del cual tenemos mucho en Chile, estamos promoviendo nuestras raíces gastronómicas coloniales y también un noble producto de nuestras aguas como el salmón.

SECRETO
ES IMPORTANTE QUE EL SALMÓN QUEDE "AL DENTE", SIN RECOCERSE. PODRÁ RECONOCER QUE ESTÁ BIEN HECHO CUANDO SE VE COCIDO POR FUERA Y ROJO POR DENTRO.

Ingredientes
para 4 personas

- 600 gr de filete de salmón
- 2 zanahorias cortadas en bastones
- ½ kg de repollo cortado en tiritas
- 1 choclo cortado en 4
- ½ kg de porotos verdes sin puntas ni hilos
- 8 papas medianas peladas
- 1 litro de caldo de pescado
- 1 taza de vino blanco
- Unas gotas de salsa Tabasco
- Sal y pimienta

Preparación

1. Corte el salmón en 4 trozos iguales y alíñelos con sal y pimienta a gusto. Selle los trozos durante 2 minutos por ambos lados en una sartén de teflón y reserve.
2. Cueza las verduras y las papas al vapor durante 20 minutos o hasta que estén en su punto, no recocidas. Reserve.
3. En otra olla ponga el caldo de pescado, el vino y unas gotas de salsa Tabasco. Condimente con sal y pimienta a gusto, revuelva bien y cocine a fuego medio hasta que hierva.
4. Sirva en platos hondos, repartiendo por igual el caldo, el salmón y las verduras.

Crema de Picorocos

Gracias a Dios ningún depredador del mar ha descubierto los picorocos. En mis viajes a Venezuela me tocó representar a Chile en la semana gastronómica y me pidieron que hiciera una sopa. Pensé en el picoroco por su sabor profundo y por ser un producto chileno único. El resultado es que hasta hoy lo siguen preparando y en mi restaurante se ofrece como plato de invierno.

Cuando cocine picorocos recuerde nunca botar su jugo o "leche de pantera", que es el caldo que queda en sus conchas producto de su cocción.

Ingredientes
para 6 personas
- *12 unidades de picorocos*
- *1 cucharada de mantequilla*
- *2 puerros picados*
- *1 chorro de vino blanco*
- *½ litro de caldo de mariscos*
- *1 cucharada de jengibre fresco rallado*
- *4 papas cocidas*
- *¼ litro de crema*
- *Sal y pimienta*
- *1 cucharada de ciboulette picado fino*

Preparación

1. En una olla grande con agua, ponga los picorocos con la boca hacia arriba y cocínelos por 30 minutos.
2. Luego corte suavemente con un cuchillo alrededor de la boca de cada uno, sosteniendo la punta para tirarla hacia arriba una vez que se suelte por completo. Retire el estómago a cada picoroco, elimínelo y pique su carne.
3. En una olla caliente la mantequilla, añada solo la parte blanca del puerro, el vino y saltee hasta que el puerro quede transparente.
4. Agregue el caldo de mariscos, el jengibre, la carne de los picorocos, las papas y la crema. Aliñe con sal y pimienta a gusto y cocine revolviendo unos 5 minutos más.
5. Pase la mezcla por la licuadora y luego por un colador o cedazo. Sirva muy caliente en tazas calderas o en platos hondos individuales, espolvoreados con el ciboulette picado.

SECRETO
PELE EL JENGIBRE CON UNA CUCHARA Y SAQUE SU PULPA GOLPEÁNDOLO CON EL CANTO DE UN CUCHILLO.

Pulmay

El pulmay es un plato históricamente arraigado en las tradiciones del sur de Chile y en el que no hay mezcla con influencias extranjeras; por eso es digno de respeto. El pulmay se prepara en olla y se cubre con hojas de repollo o nalcas, a diferencia del curanto original que se prepara en hoyos en la tierra y se cubre solo con hojas de nalcas. Cocinar los ingredientes por capas permite que los sabores de cada uno se impregnen en el resultado final. El caldo que produce su cocción, llamado "levanta muertos" por su fuerte potencia proteica, se toma por separado.

Ingredientes
para 15 personas

- 2 cucharadas de aceite
- 15 porciones de costillar de cerdo ahumado
- 15 porciones de pollo
- 15 porciones de longanizas
- 1 cebolla picada fina
- 2 dientes de ajo picados fino
- ½ ají cacho de cabra picado
- 15 papas con cáscara
- 15 picorocos
- 30 almejas
- 30 choritos
- 30 cholgas
- 3 litros de caldo de pescados o de mariscos
- 1 taza de vino blanco seco
- ½ kg de arvejitas con vaina
- ½ kg de habas con vaina
- Hojas de repollo
- Sal

Preparación

1. En una sartén con un poco de aceite dore, un par de minutos por lado, las porciones del costillar de cerdo ahumado, el pollo y las longanizas. Reserve.
2. En una olla grande haga un sofrito con el resto del aceite, la cebolla, el ajo y el ají cacho de cabra.
3. Agregue, por capas, las papas, los picorocos con las bocas hacia arriba, las almejas, los choritos y las cholgas.
4. Luego agregue el pollo, el cerdo y las longanizas previamente doradas.
5. Por último añada el caldo de pescados, el vino blanco, las arvejas y las habas. Para que todos los ingredientes tengan una cocción adecuada, respete el orden que sugiero para ponerlos por capas en la olla; lo que más se demora en cocer debe ir más abajo.
6. Tape la olla con hojas de repollo y deje cocinar, a fuego medio, por 45 minutos.
7. Sirva en pailas de greda previamente calentadas, distribuyendo una porción de cada ingrediente por comensal.

SECRETO
EL CALDO PRODUCIDO DURANTE LA COCCIÓN DEL PULMAY ¡ES EXCELENTE! RECUERDE RESCATARLO Y SERVIRLO BIEN CALIENTE.

Sopa de Machas

La macha es un marisco que hace una década era muy fácil de conseguir. Recuerdo que uno las podía sacar en la orilla de casi cualquier playa de la costa de Chile, como un juego de niños, moviendo los talones en la arena, como bailando buscando montoncitos.
Fue tanta la explotación sin control de las machas que hoy en día son un marisco de lujo. Su precio subió debido a la escasez y su tamaño se redujo. Cuando pueda conseguir unas ricas machas le recomiendo esta deliciosa receta, especialmente para días fríos.

Ingredientes
para 4 personas

– 40 machas
– ½ taza de aceite
– 1 cebolla cortada a la pluma
– ½ cucharadita de merquén
– 1 litro de caldo de pescado
– ½ taza de vino blanco seco
– ½ taza de crema
– 4 rebanadas de pan de molde cortadas en cubitos
– Cilantro fresco picado fino
– Sal y pimienta

Preparación

1. Limpie bien las machas, ábralas y sáquelas de sus conchas. Elimine la bolsa negra que tienen en un extremo y la tripa que sale de ellas. Luego aplástelas suavemente con el canto de un cuchillo, para que se estiren y ablanden. Reserve.
2. En una olla caliente el aceite y sofría la cebolla y el merquén, hasta que la cebolla quede transparente.
3. Luego incorpore el caldo de pescado, el vino blanco, la crema y cocine por 20 minutos.
4. Sazone con sal y pimienta a gusto y añada las machas reservadas. Revuelva bien y cocine solo por 3 minutos más, para que las machas no se recuezan ni se pongan duras. Retire del fuego y reserve.
5. Fría los cubitos de pan en una sartén con aceite bien caliente, hasta que tomen un color dorado. Retire con una espumadera y deje reposar sobre papel absorbente, para que eliminen el exceso de aceite.
6. Al momento de servir distribuya la sopa en cada plato, agregue algunos cubitos de pan fritos y espolvoree con el cilantro.

SECRETO
ES MUY IMPORTANTE QUE LIMPIE BIEN LAS MACHAS.
1. UNA VEZ QUE LAS SAQUE DE SUS CONCHAS, APLÁSTELAS AL CENTRO PARA ELIMINAR EL ESTÓMAGO NEGRO.
2. BUSQUE LA TRIPA QUE ASOMA POR UN EXTREMO Y ELIMÍNELA. ESTA ES LA COLUMNA VERTEBRAL DE LA MACHA Y SI LA DEJA QUEDARÁ DURA AL COCINARLA.
3. CORTE LA BASE DE LA LENGUA, ES DECIR, DONDE ESTÁ TODO EL RESTO DE ESTÓMAGO DE LA MACHA.
4. FINALMENTE APLASTE CADA LENGUA GOLPEÁNDOLA CON LA HOJA DE UN CUCHILLO, PARA ABLANDARLA.

PLATOS DE FONDO

Merluza Austral con Puyes

Este es un plato muy fino y muy del gusto de los españoles, que lleva más de 20 años en la carta de mi restaurante.

La merluza o "merluccius australis" es muy popular, tiene una carne blanda y suave que es muy fácil de combinar con distintos ingredientes. Gran parte de la producción chilena se exporta a España.

Los puyes son parecidos a las angulas (alevines de anguila) y crecen de Valdivia a Punta Arenas, en las desembocaduras de los ríos. Estos peces, de cuerpo cristalino y frágil, son un ingrediente delicado que se prepara al pil-pil, en tortillas o en otras preparaciones, como la de esta receta.

Las "chalotas" como las llaman en el sur (del francés "échalotte") son parientes cercanos de la cebolla, pero su sabor también se parece al del ajo.

Ingredientes
para 4 personas
- 800 gr de filete de merluza austral
- Jugo de 1 limón
- 1 rama de apio
- 1 rama de perejil
- 1 litro de caldo de pescado
- ¼ litro de aceite de oliva
- 1 diente de ajo picado fino
- 1 cucharada de chalota picada fina
- ½ taza de vino blanco
- 300 gr de puyes
- 1 tomate picado en cuadritos
- 1 taza de cilantro picado fino
- Sal y pimienta negra recién molida

Preparación

1. Corte la merluza en 4 trozos equitativos y sazone con jugo de limón, sal y pimienta a gusto.
2. Ponga el pescado en una fuente previamente enmantequillada, agregue el apio, el perejil, y el caldo de pescado hasta la mitad de la fuente. Luego cúbrala con papel aluminio y colóquela al horno, previamente calentado a temperatura alta (220°C), durante unos 15 a 20 minutos, dependiendo del grosor del pescado.
3. En una sartén caliente el aceite de oliva a fuego medio, agregue el ajo y las chalotas y cocine unos 3 minutos sin que se doren.
4. Agregue el vino, una taza de caldo de pescado, los puyes, el tomate y el cilantro. Aliñe con sal, pimienta a gusto y cocine unos 5 minutos.
5. Sirva de inmediato un trozo de merluza en cada plato y ponga encima 2 a 3 cucharadas de la mezcla de puyes y tomates reservada.

SECRETO
PUEDE RECONOCER SI LOS PUYES ESTÁN COCIDOS CUANDO CAMBIAN SU COLOR CRISTALINO POR UN BLANCO OPACO.

Salmón con Luchicán y Espuma de Palta

En Chile la palta es un fruto que se da maravillosamente, a diferencia de otros países donde es cara y su carne no tiene la misma consistencia ni sabor. La forma común de comerla, desde que somos niños, es untada sobre el pan, pero es un ingrediente muy versátil, con cientos de formas diferentes de ser preparado; como puré, salsas, mousse, rellenas, para decorar o como la espuma que le paso a describir en esta receta. La combinación de palta y salmón es visualmente muy atractiva y además sus sabores se complementan a la perfección.

SECRETO
PARA DARLE MÁS VOLUMEN A LA ESPUMA DE PALTA, AGRÉGUELE UNA CLARA DE HUEVO Y BÁTALA BIEN ANTES DE SERVIRLA. TAMBIÉN AÑADA JUGO DE LIMÓN, ASÍ NO SE PONDRÁ NEGRA.

Ingredientes
para 4 personas

- 1 kg de filete de salmón
- 2 cucharadas de aceite de oliva
- 1 cucharadita de jugo de limón
- Sal y pimienta

PARA EL LUCHICÁN
- 50 gr de luche
- Cholgas secas
- Navajuelas secas
- Machas secas
- 2 cucharadas de aceite
- 1 cucharadita de ají de color
- ½ cebolla picada fina
- 8 papas medianas peladas y cortadas en cubitos
- 200 gr de zapallo pelado y cortado en cubitos
- 1 cucharadita de comino
- ½ cucharadita de orégano
- 1 cucharada de mantequilla
- 2 zanahorias peladas y cortadas en cubitos
- 1 ½ taza de granos de choclo
- ½ taza de arvejas desgranadas
- 1 pimentón rojo en cubos
- 2 cucharaditas de merquén
- Sal y pimienta

PARA LA ESPUMA DE PALTA
- 2 paltas peladas y sin cuesco
- ½ taza de crema
- 1 cucharadita de jugo de limón
- Sal y pimienta

Preparación

EL SALMÓN

1 Corte el salmón en 4 trozos equitativos y condiméntelos con aceite de oliva, limón, sal y pimienta a gusto.

2 Dore los trozos de salmón sobre una parrilla de teflón levemente aceitada, dándoles un golpe de calor durante 2 minutos por lado, cuidando de no recocerlos. Reserve.

EL LUCHICÁN

1 Deje remojando el luche, las cholgas, las navajuelas y las machas en fuentes separadas durante toda una noche. Al día siguiente estile el luche y los mariscos y reserve.

2 En una sartén caliente el aceite a fuego medio, agregue el ají de color y la cebolla y cocine durante 5 minutos o hasta que la cebolla esté transparente.

3 Agregue las papas y el zapallo. Sazone con comino, orégano, sal y pimienta, y cubra con agua fría. Cocine a fuego medio unos 20 minutos o hasta que las papas estén blandas y el líquido se evapore.

4 Retire del fuego y muela las papas y el zapallo con un tenedor. Agregue la mantequilla, el resto de las verduras y el luche y los mariscos reservados. Ajuste la sazón, agregue el merquén y cubra con un poco más de agua. Vuelva al fuego y cocine unos 20 minutos más o hasta que los vegetales estén al dente.

LA ESPUMA DE PALTA

1 Ponga las paltas en una olla y hágalas puré con un tenedor. Agregue el resto de los ingredientes y cocine a fuego medio hasta que hierva.

2 Traslade a una licuadora y licúe hasta obtener una espuma.

EL MONTAJE

1 Sirva en cada plato un trozo del salmón previamente dorado y una porción de luchicán.

2 Decore con la espuma de palta.

Porotos Granados con Machas

En Las Tacas, cerca de La Serena, hay una gran cantidad de machas y fue en este lugar donde mi amigo, el chef Luis Fernández, me ofreció porotos granados con machas. Lo encontré tan simple y rico que pensé que esta combinación no puede quedar fuera de un buen recetario.
Tenemos porotos de sabor muy noble en Chile. Espero que cuando usted los prepare los disfrute tanto como yo.

Ingredientes
para 6 personas

- 400 gr de machas
- 1 cucharada de aceite de oliva
- ½ cebolla picada fina
- 1 diente de ajo picado fino
- 1 cucharadita de merquén
- ⅛ kg de tocino en panceta
- ½ taza de vino blanco
- ½ litro de caldo de pescado
- ½ kg de porotos granados
- ¼ kg de zapallo cortado en cubitos
- 6 hojas de albahaca picadas finas
- 1 cucharada de perejil picado fino
- Sal y pimienta

Preparación

1. Limpie bien las machas, ábralas y sáquelas de sus conchas. Elimine la bolsa negra que tienen en un extremo y la tripa que sale de ellas. Luego aplástelas suavemente con el canto de un cuchillo, para que se estiren y ablanden. Reserve.
2. En una olla caliente el aceite de oliva y saltee la cebolla. Una vez que esté transparente, agregue el ajo, el merquén, el tocino, el vino blanco, el caldo de pescado, los porotos granados, el zapallo y las hojas de albahaca. Sazone con sal y pimienta a gusto.
3. Revuelva bien y cocine a fuego medio, en olla tapada, por 20 minutos o hasta que los porotos estén blandos.
4. Agregue las machas reservadas y continúe cocinando hasta que se pongan rosadas, unos 2 minutos.
5. Sirva los porotos en platos hondos de greda previamente calentados. Espolvoree cada uno con el perejil picado.

SECRETO
ESTE DELICIOSO PLATO SE PUEDE PREPARAR CON POROTOS FRESCOS O CONGELADOS Y OBTENDRÁ EL MISMO ÉXITO. SI USA POROTOS CONGELADOS TENGA LA PRECAUCIÓN DE ELIMINAR TODA EL AGUA QUE PUEDAN TENER ANTES DE COCINARLOS.

Trucha rellena con Centolla

Esta es una receta fina para grandes ocasiones, donde usted puede lucirse con sus invitados, por su gran sabor y hermosa presentación. Además, la salsa que acompaña a la trucha es muy versátil y se puede servir sobre pechugas de pollo, filete o el corte que prefiera. Lo importante para esta preparación es que recuerde siempre quitar las espinas de la trucha, para prevenir accidentes que opaquen su esfuerzo culinario.

Ingredientes
para 6 personas
– 6 truchas
– Jugo de 1 limón
– Sal y pimienta

PARA EL RELLENO
– 125 gr de mantequilla
– 1 puerro picado fino
– 300 gr de carne de centolla
– 1 cucharada de crema
– 2 claras de huevo
– Jugo de 1 limón
– Sal y pimienta

PARA LA SALSA
– ½ tacita de whisky
– 80 gr de queso roquefort
– ¼ litro de crema
– 1 cucharada de ciboulette picado fino
– Sal y pimienta

– Palillos para brochetas

Preparación

1. Limpie las truchas y elimine sus cabezas, vísceras y espinas según la técnica explicada en páginas 12 y 13.
2. Aliñe con jugo de limón, sal, pimienta, y reserve.

EL RELLENO

1. En una sartén coloque la mantequilla y el puerro. Mezcle con la carne de centolla, la crema y las claras de huevo. Condimente con sal, pimienta a gusto y un chorrito de jugo de limón. Cocine unos 5 minutos a fuego medio para incorporar los sabores.
2. Rellene las truchas con esta mezcla y enróllelas sobre sí mismas, formando unos rollitos. Atraviese los rollos por la mitad con los palillos para brocheta, para que no se desarmen.
3. Ponga los rollos en una olla y póchelos por unos 10 a 12 minutos. A medida que estén listos retírelos cuidadosamente con una espátula, póngalos en los platos en que va a servir y reserve.

LA SALSA

1. En una olla mezcle el whisky y el queso hasta que se derrita, revolviendo con una cuchara de palo en forma de 8, como haciendo una fondue.
2. Agregue la crema, el ciboulette y aliñe con sal y pimienta. Deje reducir a fuego bajo por unos 3 minutos desde que hierva la crema revolviendo constantemente para que no se pegue y forme grumos.
3. Bañe los rollos de trucha reservados con la salsa y sirva acompañado de papas fritas.

SECRETO
SI NO ENCUENTRA CENTOLLA PUEDE REEMPLAZARLA POR SUCEDÁNEO DE CENTOLLA EN BASTONES.

Lenguado Pepe

Con este plato y su bonita presentación gané en el año '90 una medalla de oro, en un concurso gastronómico organizado por ACHIGA (Asociación Chilena de Gastronomía). Su nombre se lo puse por un chef que tenía en mi restaurante, que todavía estaba muy influido por la cocina francesa y ocupaba ¡litros y litros de crema en cada plato! Era tanto el gasto y tan pesadas las preparaciones que yo le propuse al querido Pepe inventar un plato que fuera tan rico como los que él hacía, pero que no llevara crema. Entonces nació mi "Lenguado Pepe". Yo lo hice dorado, pero también puede prepararse a la plancha o pochado en un buen caldo.

Ingredientes
para 6 personas

- 6 filetes de lenguado de 200 gr c/u
- Jugo de 1 limón
- 2 cucharadas de aceite de oliva
- 1 paquete de espárragos
- 1 cucharada de aceite de oliva
- 1 zapallo italiano cortado en juliana
- 1 pimentón cortado en juliana
- 1 zanahoria cortada en juliana
- Hongos shiitake
- ½ litro de caldo de pescado
- 1 cucharada de fécula de maíz disuelta en agua tibia
- 1 pizca de azafrán
- ½ kg de camarones
- 1 kg de almejas chicas
- 1 kg de choros maltones
- Sal y pimienta

Preparación

1. Condimente los filetes de lenguado con sal, pimienta y jugo de limón a gusto. Caliente el aceite de oliva en una sartén de teflón y cocine los filetes de lenguado durante 6 a 8 minutos por lado. Retire cuidadosamente con una espátula para que los filetes no se rompan y reserve.
2. Pele los espárragos y córtelos del tamaño que va a servirlos. Cocínelos al vapor durante 10 minutos, para que queden al dente y no recocidos. Páselos por agua fría para que se detenga la cocción. Una vez listos estílelos.
3. En otra sartén caliente el aceite y saltee las puntas de espárragos, el zapallo italiano, el pimentón, la zanahoria y los hongos shiitake. Reserve.
4. En una sartén aparte caliente el caldo de pescado y agregue la fécula de maíz para espesar. Luego agregue el azafrán, la sal y pimienta, y cocine a fuego bajo por 5 minutos.
5. Agregue al caldo los camarones enteros, las almejas y los choritos con concha. Continúe cocinando a fuego medio y retire una vez que las conchas de los mariscos se hayan abierto, unos 10 minutos más.
6. Sirva el lenguado cubierto por los mariscos y el caldo restante, acompañado con las verduras salteadas.

SECRETO
ASEGÚRESE QUE ESTÁ OCUPANDO UN AZAFRÁN DE BUENA CALIDAD, DE LO CONTRARIO SE ARRIESGA A CONSUMIR PRODUCTOS QUE DESNATURALIZAN EL SABOR DEL PLATO.

Turbot Nortino

En ciertos lugares llaman al turbot "el faisán del mar" por su sabor suave y muy sutil. Algunos de sus alevines fueron traídos de Nueva Zelanda para cultivarlos en nuestras frías aguas. Podemos ahora no sólo consumirlos sino también exportarlos al mundo.
Es emocionante sembrar el mar, porque nos da la seguridad que las próximas generaciones seguirán gozando lo que nosotros disfrutamos hoy.

Ingredientes

para 4 personas
- *1 kg de filete de turbot*
- *2 cucharadas de aceite de oliva*
- *Sal y pimienta*

PARA LA SALSA
- *¼ litro de aceite de oliva*
- *¼ kg de aceitunas negras sin cuesco y laminadas*
- *¼ kg de aceitunas verdes sin cuesco y laminadas*
- *1 diente de ajo picado fino*
- *2 zapallos italianos cortados en juliana*
- *1 bandeja de setas*
- *1 bandeja de tomates cherry partidos en 2*
- *3 hojas de albahaca*
- *Pimienta*

Preparación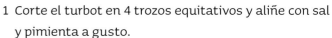

1. Corte el turbot en 4 trozos equitativos y aliñe con sal y pimienta a gusto.
2. Caliente un poco de aceite de oliva en una sartén de teflón y selle los trozos cocinándolos unos 6 minutos por lado. Reserve.

LA SALSA

1. En otra sartén caliente el aceite de oliva a fuego medio. Agregue las aceitunas, el ajo, los zapallos italianos, las setas y los tomates.
2. Condimente solo con pimienta, pues las aceitunas pueden ser muy saladas. Mezcle bien para incorporar los sabores y cocine unos 5 minutos, cuidando de no recocer las verduras.
3. Puede ajustar el punto de la salsa con un poco de caldo de mariscos.
4. Sirva un trozo de turbot en cada plato y cubra con la salsa.

SECRETO
ESTA SALSA DE ACEITUNAS COMBINA MUY BIEN CON LENGUADO, REINETA O CUALQUIER OTRO PESCADO DE CARNE BLANCA.

Sierra en Cancato

"Canca" significa "asado" y "cancay" es "asar o tostar" en lengua indígena. El pescado en cancato es un plato huilliche y uno de los pocos que podemos llamar realmente chilenos. Prácticamente cualquier pescado se puede hacer en cancato. Yo elegí la sierra porque me trae buenos recuerdos de la sierra "tabla" que hacíamos en cancato en mi casa cuando yo vivía en el sur. La sierra tabla es una variedad que alcanzaba ¡1 metro de largo!
En los '60 había abundancia de sierra en Chile, y se hizo popular por su carne seca, de sabor marcado y profundo.

Ingredientes
para 6 personas
– 1 sierra de 2 ½ kg
– Jugo de 2 limones
– 4 longanizas cortadas en rodajas
– 1 ajo chilote laminado
– 125 gr de mantequilla
– ½ kg de queso mantecoso laminado fino
– 1 cucharada de orégano
– 4 tomates pelados y rebanados
– Hojas de perejil
– Sal y pimienta

PARA EL ALIÑO
– 1 cucharada de aceite de oliva
– ½ taza de vino blanco
– 1 cucharada de jugo de limón
– 1 diente de ajo molido
– Sal y pimienta

– 1 cancatera

Preparación

1. Limpie la sierra, ábrala por el estómago y elimínele las vísceras, según la técnica explicada en páginas 12 y 13. Alíñela con jugo de limón, sal y pimienta a gusto.
2. Ponga la sierra sobre una cancatera, dejando fuera la cabeza y la cola y calculando que cierre cuando esté en posición.
3. Ponga sobre un lado de la sierra, ordenadamente y por capas, las rodajas de longaniza, las láminas de ajo, un poco de mantequilla, las rodajas de tomate y el queso mantecoso.
4. Cierre la mitad sin ingredientes sobre la otra, haciendo una especie de sandwich, y luego cierre la cancatera, para poder asar el pescado a las brasas.
5. Mezcle los ingredientes del aliño hasta lograr una consistencia homogénea y reserve.
6. Ponga la cancatera sobre la parrilla, 20 minutos por lado, con fuego a una temperatura moderada. Vaya pincelando la sierra con el aliño, para que no se reseque durante todo el proceso de cocción, hasta que el queso comience a chorrear.

SECRETO
EL JUREL ES UNA DELICIOSA Y ECONÓMICA OPCIÓN PARA PREPARAR EN CANCATO.

Corvina Angelmó en Papillote

La palabra "papillote" proviene del francés, significa "dentro de una bolsa de papel" y designa una técnica culinaria en la cual uno o más ingrediente son cocinados dentro de una bolsa de papel, para conservar los jugos y aromas de su cocción.
La gracia estará entonces, tanto en jugar con los aliños, para que den matices interesantes a los ingredientes cocinados, como en abrir los papillotes en la mesa para que los comensales disfruten de los aromas recién salidos del horno.

Ingredientes
para 6 personas

- *1 corvina de buen tamaño, unos 2 kg por lo menos*
- *¼ kg de champiñones laminados*
- *150 gr de calamares limpios y cortados en rodajas*
- *½ kilo de almejas chicas*
- *1 puerro cortado en juliana*
- *2 tomates maduros cortados en rodajas finas*
- *¼ kg de tocino en panceta*
- *¼ litro de caldo de pescados*
- *Sal y pimienta*

- *Papel mantequilla*
- *2 cucharadas de mantequilla*

Preparación

1. Corte la cabeza de la corvina. Luego ábrala, retírele el espinazo y deje la cola, según la técnica explicada en páginas 12 y 13.
2. Aliñe con jugo de limón, sal, pimienta, y reserve.
3. Corte un trozo de papel mantequilla lo suficientemente grande como para que quepa la corvina con los demás ingredientes y luego pueda cerrarla. Derrita la mantequilla y pincele con ella el interior del papel.
4. Ponga la corvina al centro del papel enmantequillado y rellénela poniendo sobre un lado los champiñones, los calamares, las almejas, el puerro, los tomates, el tocino y el caldo de pescado. Cierre el lado libre sobre el lado relleno.
5. Cierre el paquete, póngalo sobre una lata para hornear y cocine en horno, precalentado a temperatura media, durante 30 a 40 minutos, dependiendo del grosor del pescado. Sirva de inmediato y no abra el papillote hasta que lo lleve a la mesa.

SECRETO
SI NO ESTÁ SEGURO QUE EL PESCADO ESTÉ LISTO, ABRA CON CUIDADO UNA PUNTA DEL PAPILLOTE, INTRODUZCA POR AHÍ UN MONDADIENTES Y PINCHE EL PESCADO, ASÍ PODRÁ VERIFICAR SU CONSISTENCIA Y SABER SI ESTÁ COCIDO.

Congrio Mai-Mai

Yo quiero mucho este plato porque con él gané mi primer premio en un concurso gastronómico en la década de los '80. Quise integrar el choclo como ingrediente de alta cocina, mezclándolo con los camarones, el jamón y los champiñones para crear la salsa.

Al pensar en un nombre para esta creación busqué algo original chileno, autóctono, porque siempre me parece importante destacar nuestras raíces. "Mai-Mai" significa "hola cómo estás" en mapuche.

Ingredientes
para 6 personas
- 900 gr de filete de congrio
- 2 cucharadas de aceite de oliva
- Sal y pimienta

PARA LA SALSA MAI-MAI
- Mantequilla para saltear
- ¼ kg de champiñones picados
- ¼ kg de camarones pelados
- ½ litro de crema
- 1 cucharada de fécula de maíz disuelta en agua tibia
- ¼ kg de jamón planchado picado en cuadritos
- ½ kg de granos de choclo
- Ciboulette picado fino
- Sal y pimienta blanca molida

Preparación

1. Corte el congrio en 4 trozos equitativos y aliñe con sal y pimienta a gusto.
2. Caliente un poco de aceite de oliva en una sartén de teflón y selle los trozos cocinándolos unos 5 minutos por lado. Reserve.

LA SALSA MAI-MAI

1. En una sartén derrita la mantequilla y saltee los champiñones, los camarones, el jamón y el choclo.
2. Luego añada la crema, aliñe con sal y pimienta a gusto y mezcle bien. Agregue la fécula de maíz disuelta. Si queda muy espesa puede ajustar la consistencia con caldo de mariscos.
3. Sirva el congrio reservado bañado con la salsa mai-mai. Espolvoree con ciboulette picado para decorar y acompañe con papas cocidas.

SECRETO

LA SALSA MAI-MAI ES UNA PREPARACIÓN "MENTOLATUM", PORQUE SE PUEDE USAR PARA MUCHAS COSAS DIFERENTES: SOBRE POLLO, MEDALLONES DE FILETE, TALLARINES, ARROZ, ETC.

Caracoles de Mar con Ajo Chilote

Este es un plato muy sureño, característico sobre todo de la Patagonia. En él se ocupa el ajo chilote, que logra traspasarnos su suave aroma. Los caracoles, desconocidos para muchos como ingrediente gastronómico, se dan en los roqueríos del Pacífico Sur, y tienen un sabor profundo y noble, parecido al de los locos. Los aborígenes del pueblo Ona se los comían crudos, pero usted puede comerlos en cebiche, al pil-pil, en empanadas o al ajo como en esta receta.

Ingredientes
para 6 personas

- 800 gr de caracoles de mar sin concha
- 2 varas de apio
- 2 cucharadas de aceite de oliva
- ½ cebolla picada fina
- 4 ajos chilotes laminados
- ½ tacita de jerez
- ½ pimentón rojo cortado en juliana
- 1 taza de caldo de mariscos
- ½ cucharada de fécula de maíz disuelta en agua tibia
- 1 cucharadita de merquén
- 1 cucharada de perejil picado fino
- Sal y pimienta

Preparación

1. En una olla a presión, ponga los caracoles y cúbralos con suficiente agua sin sal. Agregue las varas de apio y cocine por 45 minutos.
2. En una olla aparte caliente el aceite de oliva y sofría la cebolla y el ajo chilote. Agregue el jerez, el pimentón, el caldo de mariscos y espese la preparación con la fécula de maíz previamente disuelta. Revuelva bien para incorporar los sabores.
3. Añada los caracoles, sazone con merquén, sal y pimienta y cocine por unos 10 minutos a fuego medio, revolviendo de vez en cuando.
4. Sirva en platos individuales espolvoreados con el perejil picado.

SECRETO

PARA QUE LOS CARACOLES QUEDEN BLANDOS SE APLICA EL MISMO SECRETO QUE PARA LOS LOCOS O EL PULPO: PONGA UN CORCHO AL FONDO DE LA OLLA A PRESIÓN MIENTRAS LOS COCINA.

Parrillada de Pescados y Mariscos

Al parecer los hombres somos carnívoros por naturaleza, y tal vez por eso no se nos ocurre hacer combinaciones a la parrilla con pescados y mariscos. Teniendo en Chile una variedad tan extensa y sabrosa de productos del mar, esta es una oportunidad para que comparta con sus amigos en torno a una parrillada marinera. Además es una idea muy apetitosa para los vegetarianos o para quienes tienen dietas especiales por problemas de salud, porque en ella se pueden combinar productos marinos de la zona, con las verduras que más nos gusten. El "chancho en piedra" para acompañar esta parrillada es una preparación en base a tomates, cebollas y ají. Sobre el origen de su nombre existen varias versiones. La que yo conozco me la enseñaron unas mapuches amigas en el mercado de Temuco. Dicen que los antiguos morteros de piedra tenían la forma de un chancho: patas, orejas y cola incluidos. En la mesa los comensales decían "¡pásame el chancho en piedra!" y de ahí quedó el nombre.

Ingredientes
para 6 personas

PARA LA PARRILLADA
- *Cholgas, choros y ostiones*
- *Camarones enteros*
- *Calamares limpios*
- *Salmón, congrio, atún y albacora; 300 gr de c/u cortados en medallones*

PARA LAS BROCHETAS
- *Lenguado, salmón y atún; 200 gr de c/u cortados en cubos de 3 cm*
- *Camarones y ostiones limpios*
- *Espárragos, pimentón, cebolla, zapallo italiano, champiñones, cortados en cubos de 3 cm*
- *Sal y pimienta*

PARA EL ALIÑO
- *2 cucharadas de aceite*
- *Jugo de 1 limón*
- *1 diente de ajo machacado*
- *½ taza de caldo de mariscos*
- *1 taza de vino blanco*
- *1 cucharada de cilantro picado*
- *Sal y pimienta*

PARA EL CHANCHO EN PIEDRA
- *2 tomates maduros picados*
- *1 cebolla picada*
- *1 cabeza de ajo pelada*
- *2 ajíes cacho de cabra secos*
- *½ cucharada de cilantro*
- *1 cucharadita de comino*
- *1 taza de aceite*
- *2 cucharadas de vinagre*
- *Sal y pimienta*

Preparación

LAS BROCHETAS
1. Deje marinar en el aliño los pescados y mariscos durante 20 minutos.
2. Luego, cuélelos y arme las brochetas, usando para ello palillos de bambú, fierritos o alambre aceitado. Ensarte los diferentes trozos de mariscos y pescados intercalándolos con las verduras. Lo importante es alternar colores y sabores.

LA PARRILLADA
1. Prepare el aliño mezclando los ingredientes hasta obtener una consistencia homogénea.
2. Ponga el pescado, los mariscos y las brochetas a la parrilla a una temperatura moderada. Pincele los pescados, los mariscos y las brochetas constantemente con el aliño, para que no se sequen.
3. Ase las presas y las brochetas unos 5 minutos por lado o hasta que se vean doradas y cocidas. Los mariscos estarán listos cuando se abran sus conchas.
4. Una vez que el pescado, los mariscos y las brochetas estén listos, sirva todo en una fuente y acompañe con el "chancho en piedra".

EL CHANCHO EN PIEDRA
1. Machaque el ajo en un mortero de piedra y luego agregue los demás ingredientes, machacando para mezclar.
2. Aliñe con aceite, vinagre, sal y pimienta a gusto justo antes de servir.

SECRETO

DEJE LOS MEDALLONES DE PESCADO CON SUS HUESOS, COMO UN ENTRECOT, PARA QUE TENGAN MÁS SABOR.

HAGA CADA BROCHETA CON EL MISMO TIPO DE PESCADO O MARISCO PARA QUE PUEDA DARLES UN COCIMIENTO PAREJO.

Pejerreyes fritos con Puré Picante

El pejerrey es un pescado noble que vive en ríos, mares y lagos de Chile. Generalmente solo lo usamos como carnada, lo que es un error, porque puede cocinarse de muchas formas interesantes: en cebiches, en carpaccio o crudo, acompañado de "chancho en piedra" o jugo de limón. Sin embargo, pareciera que la preparación de pejerreyes que tiene más y mejor fama, son los pejerreyes fritos.
A continuación los propongo acompañados de un delicioso puré picante, para darle un toque diferente.

Ingredientes
para 6 personas

PARA LOS PEJERREYES
– 12 pejerreyes
– 2 claras de huevos batidas
– 1 taza de harina
– Aceite para freír
– Sal y pimienta

PARA EL PURÉ
– 1 kilo de papas peladas
– 2 cucharadas de salsa de ají rojo
– ½ taza de crema
– 1 cucharada de mantequilla
– Merquén para decorar
– Sal

– Espárragos

Preparación

LOS PEJERREYES

1. Limpie los pejerreyes y elimine sus cabezas, vísceras y espinas según la técnica explicada en páginas 12 y 13.
2. Alíñelos con sal y pimienta a gusto y páselos por las claras batidas y luego por la harina.
3. Caliente el aceite en una sartén profunda y fría los pejerreyes hasta que tomen un color barquillo. Retírelos con una espumadera y colóquelos sobre una superficie plana cubierta con papel absorbente, para que boten el exceso de aceite. Reserve.

EL PURÉ

1. El puré debe hacerse justo antes de servirlo porque sino se seca. Para ello cueza las papas en agua con sal durante 20 minutos o hasta que estén blandas.
2. Estílelas, páselas por un prensa papas y transfórmelas en puré.
3. Traslade el puré a una olla y mézclelo con el resto de los ingredientes. Cocine a fuego medio, revolviendo de vez en cuando, unos 15 minutos o hasta que tome una consistencia cremosa. Reserve.

EL MONTAJE

1. Pele los espárragos y córtelos del tamaño que va a servirlos. Cocínelos al vapor durante 10 minutos, para que queden al dente y no recocidos. Páselos por agua fría para que se detenga la cocción. Alíñelos con una limoneta antes de servir.
2. Sirva en cada plato 2 pejerreyes fritos, una porción de puré picante y acompañe con los espárragos.

SECRETO

PARA FREÍR LOS PEJERREYES OCUPE UN ACEITE REFINADO DE MARAVILLA Y DE BUENA CALIDAD, QUE SEA ESTABLE EN ALTAS TEMPERATURAS Y QUE NO HUMEE DURANTE LA FRITURA. ESTO SERÁ GARANTÍA DE UNA PREPARACIÓN SANA Y BIEN HECHA.

Pasta Coco

¿A quién no le gusta la pasta? Esta receta se puede preparar con cualquier tipo de pasta: fresca, seca, al huevo, de pimentón, de espinaca, de ají, spaghetti, fettuchine, espirales, caracoles, etc.
Además es una receta liviana porque no lleva crema y se puede mezclar con lo que uno quiera. Solo basta un poco de imaginación y las ganas de comer un sabroso plato.

Ingredientes

para 4 personas

– *400 gr de fettuchine fresco al huevo*

PARA LA SALSA

– *1 pulpo de 1 kg*
– *12 ostiones*
– *12 choritos*
– *12 almejas*
– *12 caracoles*
– *¼ kg de calamares limpios cortados en rodajas*
– *1 taza de aceite de oliva*
– *2 cebollines picados en rodajas finas*
– *1 taza de caldo de mariscos*
– *¼ taza de vino blanco*
– *4 hojas de albahaca*
– *3 tomates sin pepas y cortados en 4*
– *Sal y pimienta*

Preparación

LA SALSA

1. Tome el pulpo y golpee sus tentáculos contra una superficie dura con algún utensilio de madera pesado, para ablandarlo. Cocínelo en olla a presión con agua tibia durante 45 minutos. Ponga un corcho al fondo de la olla mientras cocina el pulpo, para que quede más blando. Deje enfriar en su propio líquido de cocción, luego estílelo y córtelo en trozos medianos.
2. Caliente el aceite de oliva en una sartén y agregue el pulpo, los mariscos y los calamares. Luego agregue los cebollines, el caldo de mariscos, el vino blanco, la albahaca y el tomate. Cocine por unos 12 a 15 minutos a fuego medio.
3. Una vez que los mariscos se abran la salsa estará lista. Añada la albahaca, los tomates, sal y pimienta. Reserve.

LA PASTA

1. Cocine la pasta en una olla con abundante agua hirviendo con sal, por 10 minutos o hasta que esté al dente.
2. Estile la pasta y vuélvala a la olla. Sazone con aceite de oliva, sal y pimienta a gusto.
3. Sirva en platos individuales y distribuya la salsa sobre ellos. Sirva de inmediato.

SECRETO
CUIDE SIEMPRE QUE LA PASTA NO SE PEGUE, PARA ELLO DEBE PREPARARLA EN AGUA HIRVIENDO, CON SAL GRUESA Y UN CHORRITO DE ACEITE.

Mero con Espuma de Erizos

El mero es un pescado que vive en zonas profundas, de carne pulcramente blanca y aceitosa, primo hermano del bacalao. En los '80 los españoles lo descubrieron en el sur de Chile y lo hicieron famoso mundialmente bajo el nombre de "Chilean Seabass". El problema fue que además de la fama, llegaron redes gigantescas llenas de espineles, con las que se capturaron meros a destajo para su exportación. La explotación fue tal que hoy el mero está considerado entre las especies en peligro de extinción. El mero entró al mercado norteamericano y europeo con gran éxito y, aunque hoy en día se extrae de otros lugares, se sigue conociendo con el nombre original de "Chilean Seabass". Ojalá pueda comerlo con la espuma de erizos que describo a continuación, porque este marisco tiene un sabor único para resaltar las características del mero.

Ingredientes

para 4 personas

- 1,5 kg de filete de mero
- 1 cucharadita de jugo de limón recién exprimido
- 1 diente de ajo molido
- 1 cucharadita de merquén
- 1 cucharada de aceite de oliva
- Sal y pimienta

PARA LA ESPUMA
- 4 erizos
- 1 cucharada de mantequilla
- 2 chalotas picadas finas
- ½ taza de crema
- 1 cucharada de vino blanco
- Sal y pimienta

PARA LA LIMONETA
- 2 cucharadas de aceite de oliva
- Jugo de 2 limones
- 1 cucharada de mostaza
- Sal y pimienta

- Hojas de acelga

Preparación

1. Corte el mero en 4 trozos equitativos y aliñe con jugo de limón, ajo, merquén, sal y pimienta a gusto.
2. Caliente el aceite de oliva en una sartén de teflón y dore los trozos, cocinándolos unos 4 minutos por lado. Reserve.

LA ESPUMA

1. Abra los erizos por arriba golpeándolos suavemente con un cuchillo. Retire con cuidado las lenguas y lávelas en su propio jugo, previamente colado. Reserve las lenguas y el jugo por separado.
2. Caliente la mantequilla en una sartén y saltee las chalotas unos 2 minutos. Agregue un poco del jugo de los erizos, el vino blanco, la crema y las lenguas de erizos. Mezcle bien para incorporar los sabores y cocine unos 5 minutos más.
3. Retire la mezcla del fuego y pásela por la licuadora. Vierta la mezcla nuevamente en una cacerola, corrija la sazón y reserve a fuego bajo.

EL MONTAJE

1. Mezcle los ingredientes de la limoneta hasta obtener una consistencia homogénea.
2. Ponga en un bol las hojas de acelga lavadas y alíñelas con la limoneta.
3. Sirva en cada plato una cama de acelgas aliñadas y sobre ellas un trozo de mero. Antes de servir bata la espuma enérgicamente y distribúyala decorativamente en cada plato.

SECRETO

SI DESEA QUE LA ESPUMA QUEDE MÁS SUAVE, A LA VISTA Y AL PALADAR, PUEDE COLARLA DESPUÉS DE PASARLA POR LA LICUADORA.

Paella Marinera

La paella viene de España y es un plato que se prepara de diferentes formas según los ingredientes de la región donde se haga. Por ejemplo, en Valencia lo hacen con muchos mariscos, en cambio en otras zonas del interior le añaden pichones, codornices, tocino, etc. Los inmigrantes españoles trajeron la paella a Chile y gracias a eso es que podemos disfrutar de esta exquisita creación liviana y de muy fácil preparación. Puede agregar los mariscos y pescados que desee, aunque le recomiendo que solo elija pescados de carne firme. La proporción entre el arroz y el caldo de pescados es de 2 tazas de caldo por cada una de arroz y debe ir agregándose a medida que se va evaporando.

Ingredientes
para 6 personas
- *2 cucharadas de aceite de oliva*
- *½ cebolla picada fina*
- *1 diente de ajo picado fino*
- *4 tomates pelados picados y sin pepas*
- *½ kilo de arroz*
- *2 litros de caldo de mariscos*
- *Azafrán a gusto*
- *1 kg de choritos*
- *1 kg de almejas*
- *½ kg de calamares limpios*
- *½ kg de ostiones*
- *½ kg de de congrio colorado cortado en medallones pequeños*
- *¼ kg de arvejitas desgranadas*
- *¼ kg de camarones enteros*
- *2 pimentones asados y cortados en juliana*
- *Sal y pimienta*

Preparación

1. Caliente el aceite en una paellera o en una sartén suficientemente grande. Rehogue la cebolla, el ajo y el tomate y deje hervir por 5 minutos.
2. Incorpore el arroz, el azafrán y sazone con sal y pimienta. Vaya agregando el caldo de pescados de a poco, de a una taza cada vez. Revuelva constantemente hasta haber incorporado todo el caldo, unos 12 minutos.
3. Agregue ordenadamente los choritos, las almejas, los calamares, los ostiones y el congrio. Cubra con las arvejas, los camarones y los pimentones asados.
4. Tape la paellera o sartén con papel de aluminio y cocine a fuego lento por 25 minutos o hasta que los mariscos de concha se abran y el arroz esté cocido.

SECRETO
CUIDE QUE EL FUEGO SEA PAREJO, ABARCANDO OJALÁ TODA LA SUPERFICIE DE LA PAELLERA. SI LA PAELLERA NO CABE SOBRE SU COCINA CONSIDERE PREPARARLA AL EXTERIOR, SOBRE SU PARRILLA A LAS BRASAS, PARA LOGRAR UNA COCCIÓN UNIFORME.

ÍNDICE DE RECETAS

ENTRADAS FRÍAS	20	Ensalada del Pescador ♟♟
	23	Cóctel de Ostras ♟
	24	Tártaro de Salmón ♟♟
	26	Carpaccio de Ostiones Patagónicos ♟
	27	Ensalada de Algas y Almejas ♟♟
	28	Perol Nortino ♟
	31	Trilogía de Pescados Frescos ♟
	32	Truchas Escabechadas ♟♟
	33	Pastel de Centolla ♟♟
	35	Timbal de Picorocos ♟♟
ENTRADAS CALIENTES	38	Panqueques de Espinacas rellenos con Jaiba ♟♟♟
	41	Empanadas de Mariscos ♟♟
	43	Locos al Merquén ♟♟
	44	Tortilla de Erizos ♟♟
	47	Mixto Marino al Pil-Pil ♟♟
CREMAS, CALDOS Y SOPAS	50	Crema de Alcachofas con Ostras ♟♟
	52	Sopa "La Ruta del Chorito" ♟♟
	55	Paila Marina ♟♟♟
	56	Cazuela Chilota ♟♟
	57	Cazuela de Salmón ♟
	58	Crema de Picorocos ♟♟
	60	Pulmay ♟♟♟
	63	Sopa de Machas ♟♟
PLATOS DE FONDO	66	Merluza Austral con Puyes ♟♟
	69	Salmón con Luchicán y Espuma de Palta ♟♟♟
	71	Porotos Granados con Machas ♟♟
	73	Trucha rellena con Centolla ♟♟♟
	74	Lenguado Pepe ♟♟
	76	Turbot Nortino ♟♟
	79	Sierra en Cancato ♟♟
	80	Corvina Angelmó en Papillote ♟♟
	82	Congrio Mai-Mai ♟♟
	84	Caracoles de Mar con Ajo Chilote ♟♟
	86	Parrillada de Pescados y Mariscos ♟♟
	89	Pejerreyes fritos con Puré Picante ♟♟♟
	90	Pasta Coco ♟
	92	Mero con Espuma de Erizos ♟♟♟
	94	Paella Marinera ♟♟

GRADO DE DIFICULTAD

Las recetas presentadas en este libro han sido seleccionadas para ser preparadas fácilmente. Sin embargo, algunas requieren más atención y tiempo de preparación, por lo que hemos determinado el grado de dificultad de cada una con sombreros de chef.

Fácil y rápida. ♟

Medianamente fácil. ♟♟

Requiere de mayor atención y tiempo de preparación. ♟♟♟

SECRETOS DE LA COCINA
es una colección de libros ORIGO

Secretos de los Pescados y Mariscos
por Coco Pacheco
* * *

Director Editorial
Hernán Maino A.

Editora Ejecutiva
María Alejandra Dulcić R.

Fotografía
Rafael Fernández P.

Producción Gráfica
Alejandro Torres D.

ORIGO EDICIONES
Padre Alonso de Ovalle 748
Santiago de Chile
Tel (56-2) 638 8399 • Fax (56-2) 638 3565
www.origo.cl

Copyright © 2005 Origo Ediciones
Inscripción N° 148.633
I.S.B.N. 956-8077-33-2

Derechos reservados.
Ninguna parte de esta publicación podrá ser reproducida, almacenada o transmitida en cualquier forma o medio: electrónico, mecánico o fotocopia, sin la previa autorización de la editorial.

Impreso en Quebecor World Chile